JN199300

〈次世代教師シリーズ〉

国語授業を核にする学級経営

―日記指導でグーンとUP！　国語学力の仕組みづくり

竹岡　正和　著

まえがき

わたしが「日記を毎日の宿題にします」と言うと、教室中に「えええ～！」という声が響き渡りました。

でも、一年後の日記には次のような言葉が多く書かれます。

「はじめ、三行書くのも時間がかかりめんどうだった。でも今なら一ページ書くのも楽勝だ。」

「毎日、先生からの返事が楽しみでした。心配事も書くことで、先生に知ってもらえるという安心感があります。」

「ぼくは、けっきょくほとんど一行だけでした。でも、ときどき先生がほめてくれるのがうれしかったです。」

日記を出すことで得られる効果は絶大です。

例えば、**「学級の仲がよくなる」「文章力が高まる」「子どもとの心の絆が強くなる」**といった効果があります。

しかし、「日記を書かせるのは大変！」という声も聞かれます。担任の日々の仕事量は膨大です。その上、日記を出すとなると、効果よりも仕事が増えるというデメリットの方が勝るように思われます。私もそうでした。

そこで、「第二章　日記の提出から返却まで」では、朝、子どもが日記を提出してから帰りに返却するまでの流れを紹介しました。

確かに毎日、返事を書くのは楽ではありません。それでも、その何倍も学級の雰囲気がよくなります。ぜひ、実践にかけていただき、ご意見を寄せていただけると嬉しいです。

「今日は作文を書きます。」「ええ～！作文～！（嫌だなあ！）」

これも若い頃、私の教室で聞かれる子どものブーイングでした。わたしは作文指導＝原稿用紙に書かせることだと思っていました。苦手な子は、鉛筆を握ったまま一行も書けずに下を向いたままなんてことも度々でした。原因は、「書き方がわからない」ことが大きいようです。

では、どうすればよかったのでしょうか。

「第五章　授業の学びを日記に取り入れる仕組み」では、たった一文の作文指導「キャッチコピー作り」「パロディー作り」に始まり、「どちらがおいしいか」をテーマに相手を説得する書き方の指導などを紹介しました。もちろん、楽しみながら原稿用紙に書く指導法もあります。

日記、作文にはコメントが必要になります。三〇人なら三〇のコメントが必要です。それなのに、せっかく書いたコメントはその子だけが読みます。

実は、これが「日記を出さない」ことにつながる最大の労力だと思われるのではないでしょうか。時間をかけて書いたコメントも、その子だけのものになるのです。教師は全ての子の文章に目を通すことができます。しかし、子どもは機会がない限り、他の子の文章を見ることはありません。

そこで発想の転換です。

子どもにも意図的に他の子の文章を読む機会を作ったらどうなるのだろうと考えました。子どもの文を全員が読むことができる仕組み、その子だけのコメントも全員に広げる仕組みと、意図的に他の子の文章を読む機会をつくったのです。この仕組みで作文、日記指導に対する考え方が変わりました。

その仕組みとは、「**お手本を示す**」「**真似するように勧める**」「**波紋のように広げる**」です。具体的にどういうことなのか、ぜひ第一章をご覧ください。よい作文を波紋のように広げる威力はすさまじいほどです。

「下駄箱の靴のかかとが全員揃っていてびっくりした。誰も見ていない所で、誰かが揃えてくれたのだろう。」といった日記が提出されました。これも、教師がその子にコメントを書いて返却したら、担任とその子だけのやり取りで終わってしまいます。これを波紋のように広げることで、「次は自分も学級のよいところを見つけて書こう。」という子が出ます。さらに「自分も友だちの靴をそろえてあげよう。」という子も出ます。教師とその子だけのやりとりだった日記を全体に広げることで学級づくりを行うこともできます。このやり取りは四六ページに記しました。

二〇一八年三月二五日

竹岡　正和

目次

まえがき

I 「日記」「討論」 11
―学級づくりでパワーを発揮する仕掛けづくり―

一　学級づくりの三つの仕組み 11
1　お手本を示す 13
2　真似するように勧める 14
3　波紋のように広げる 15
二　欠席した子が喜ぶメッセージプリント 16

Ⅱ　日記の提出から返却まで
―仕組みづくりのヒント―

日記の提出から返却まで……24
一　提出から返却までの流れ……24
1　「なぜ日記を書くのか」伝えることで一年間のスタートを切る……26
2　「テーマあり」か「テーマなし」で日記を出す……26
3　翌朝、提出された日記を二つに分ける……27
4　その日のうちに返却できる量の返事を書く……28
(1)　返事はラブレターを書くようにする……30
(2)　悩みごとの日記は、まず共感することから始まる……33
5　友だちの参考となるお手本日記を選ぶ……43
6　お手本日記を波紋のように広げる……46
(1)　読み聞かせの後、どこがよいのか具体的に考えさせる……49
(2)　子ども同士で文章力を高め合うには……55
(3)　子どもに配付したプリント……57
二　日記の提出率が悪くなったときの学級への対応……59

Ⅲ　どんなテーマで書かせるか……65
―書く力UPのカギ―

一　日記版「原因と結果の法則」……65
―日記のテーマ「原因」で、目指す学級を作り出す「結果」―
1　目標日記……68
2　目標を漢字一文字で日記……69
3　自習日記……70
4　NGワード日記……71
5　掃除日記……72
6　グルメ日記……73
7　成長日記……75
8　この学級で学んだことは？日記……76
二　山田式読書感想文の指導で、読書日記をつけよう……82
1　感想文の書き方ワークシート……83
2　六年国語「森へ」で行う山田式読書感想文の指導法……86

Ⅳ　文章指導段階表で作文力アップの仕組みづくり……91

一　文章指導段階表……91
二　感想を三行書くことからスタートする……94
三　感想に友だちの意見の引用とそれに対する自分の考えを書かせる……99
四　月ごとの「日記指導」計画……103

授業の学びを日記に取り入れる仕組み……107

一　「詩の書き方」を授業し、日記に書かせる　その一……108
二　「詩の書き方」を授業し、日記に書かせる　その二……111
三　キャッチコピーで自分の夏休みを表現する……115

四　「もしも」作文で書くことの楽しさを実感させる仕組み……118
五　教科書の一文を書き換えてパロディーを作る……124
六　たった五文の意見文で子どもの作文が見違えるようになる……126
　～「結論＋理由」のミニ意見文を書かせよう～
七　教師がお手本となる作文を書く……132
八　子どもが燃える「評定」の威力！……138
九　さらに発展させて公立高校の入試問題を日記に取り入れる……140
十　登場人物の性格を考えさせる作文……142

Ⅵ 討論での学びを日記に書く仕掛けづくり

……146
一「家でもノートに書くようになる」終わり七分の仕掛け……148
1 涼しさや鐘をはなるるかねの声　与謝蕪村……148
ステップ1 教材文の情景を絵にする……148
ステップ2 代表的な絵（意見）をいくつか子どもが板書する……149
ステップ3 教師が一つ意見を取り上げる……151
ステップ4 その一つの意見についてだけ討論する……153
ステップ5 授業の終わり七分ほどをとって意見文を書く……155
2 赤蜻蛉筑波に雲もなかりけり　正岡子規……157
3 りんご　山村暮鳥……162
二 教師の挑戦状「先生はどちらの立場でも意見文が書けます。」……166
三 子どもの挑戦状「先生に反論します。」で何でも言い合える雰囲気を作る……169
四 身近な話題で熱中する討論の授業づくり……173

1 全員が熱中できるテーマで討論 …… 173
2 出された理由で「ぜひ質問したい」というのを一つ選んでもらう …… 176
3 教師が一つの意見を取り上げて話し合いを熱中させる …… 179
4 話し合いを経て、どちらか最終判断をする …… 182
五 指名なし討論への年間指導計画（高学年版） …… 185
六 討論は大好きです。討論必勝法（子どもの日記） …… 187

Ⅶ 日記の評価 ―ランクづけのシステム―

…… 190
一 日記のレベル表を学級に取り入れる …… 190
二 全員がC表からスタート …… 193
三 日記のレベル表 …… 194

Ⅰ 「日記」「討論」―学級づくりでパワーを発揮する仕掛けづくり―

一　学級づくりの三つの仕組み

学年の終わりに書いた子どもの日記（六年生）です。

この中に、学級づくりの「仕掛け」が書かれています。


そして、もう一つは**男女関係なく仲良し**ということ、四月の一学期のころの僕たちが「四人組を作って」などといわれたら多分、ふつうに男子四人、女子四人などのグループになっていたと思います。

あたりまえかもしれないけど、**男女で手をつないだり肩を組んだりする**のはふつうはできないことです。**席替えでもいっしょになりたいとみんなの前で言う**のは他のクラスではあり得ないことでこんなことができるのは六年〇組だけです。

このクラスになって自分にとても自信がもてました。

今までのことはすべてて**みんなを引っ張っていく人**がいました。

そのおかげで**竹岡先生が前に担任した、先輩たちのようなクラスになれた**のだと思います。

そして、いまではクラス全体の仲が良くて休み時間に一人でいる人も減りました。

そしてみんなが発表をして間違えても大丈夫！という空気をつくっているから一学期に全然発表していなかった人も、今では普通に発表しています。

だから、今日僕が言ったように「六年○組」には**「恥」という漢字が教室から消えました。**

（略）

僕たちが今ここまで仲良くなれたのは、イベントなどを考えてくれた人たちのおかげでもあると思います。**僕たちは、この一年間で先生がとったビデオ等、無言清掃、右側通行いがいにも、たくさんの伝統を残しました。先生が次どの学年を教えるかわかりませんが、どの学年であっても僕たちのやってきたことを見れば、それが波紋のように広がって他の学年に伝わっていくと思います。**

次の新しい学年、また一から順に教えていくのは面倒だと思います。けれど先生がまた僕たちに教えてくれたように教えればきっと六年○組のように、「人が困っていたらすぐその人を助ける」、「人が嫌がることを進んでやる」、そしてクラスみんなが仲がいい、そういうものすごくいいクラスになります。

僕たちが卒業していなくなった後も、そのクラスが受け継いでくれてよりよい○○小学校になると思います。

（略）


「恥という漢字が教室から消えた」「男女関係なしに仲良し」といったことが書かれています。

一年間で、このような学級づくりを行うための**仕掛け**が次の言葉にあります。

一　**竹岡先生が前に担任した、先輩たちのようなクラスになれた。**

二　**僕たちは、この一年間で先生がとったビデオ等、無言清掃、右側通行いがいにも、たくさんの伝統を残しました。**

三　**先生が次どの学年を教えるかわかりませんが、どの学年であっても僕たちのやってきたことを見れば、それが**

波紋のように広がって他の学年に伝わっていくと思います。

学級づくりでパワーを発揮する仕掛けづくり、それは次の三つのステップです。

1　お手本を示す
2　真似するように勧める
3　波紋のように広げる

1　お手本を示す

「竹岡先生が前に担任した先輩たちのようになれた」は、四月の段階で前に担任した学級の映像を見せたのです。男女が肩を組んで二人三脚する様子、活発に意見を言い合う討論の様子、そういったお手本となる姿を映像で見せたのです。これが目標となるイメージをもつことにつながりました。

また、映像でなくても、子どもたちにお手本を示すことはできます。

「よい学級とはどのようなものか」を教えてあげるのです。

「体育で二人組になる時は、男女のペアになるのがよい学級です。」「ニコニコと相手の意見に反論できるのが、よい討論です。」のように、お手本を示します。お手本は、教師が語って示すこともあります。日記にあるように、過去に担任した学級の三学期の映像を見てもらうことで示すこともあります。三学期は一年の集大成です。学級が完成された状態です。この状態を映像などに残し、次の学級にお手本として示すのです。

国語では、よい作文・日記の読み聞かせや、それをコピーして配付することで手本を示すこともできます。

2 真似するように勧める

お手本を示したら、真似するように促します。

「○さんと○くんのように、ペアを組むときは男女でできるとよいね。」

「○さんのように、ニコニコしながら反論する人が増えると、もっと討論が盛り上がるね。」

「○くんのように、会話文を三回連続で入れると勢いある文章になるね。」

このように、真似することを勧めます。

そして、教師が実際に真似しようと行動する人を見ておきます。

日記ならば、真似して「会話文を三回連続使った日記」を探します。

ときには、学級のよい行動を映像に残すこともします。

「次、私が担任する学級にも伝えるよ。○月の段階でこんなに男女の仲が良くなっていると。」

「これから行う討論は、間違いなく次の学級のお手本となるはずです。だから映像に残します。」

こうやって「よい行動」を真似するように勧めるのです。できれば映像に残しておくとよいです。自分たちの成長を自分たちで実感することもできます。

「四月には討論が静かだったけど、今では堂々と意見を発表しているね。皆さんは四月から比べて自由に発言できる雰囲気ができたんだよ。それだけ四月より信頼関係ができたんだ。」

プロの選手が自分のフォームを映像で確認するように、学級も以前と比べることで成長を客観的に実感することができます。

3　波紋のように広げる

こうして、お手本を真似する行動が出たら、それを取り上げて広めます。

「今度は、五組もの男女がペアになったね。はじめの○くんと○さんの行動が波紋のように広がったんだ。」

「今日は、六人も日記で会話文連続三回の文章を書いてきたよ。すごく文章に勢いが出たね。読んでみるね。」

誰かのよいお手本を学級で紹介することで、教室に広がっていきます。

年間を通して、この仕掛けを繰り返すことで、スパイラルのように学級がよい雰囲気になっていきます。

そして冒頭のような日記が登場したのです。

先生が次どの学年を教えるかわかりませんが、どの学年であっても僕たちのやってきたことを見れば、それが波紋のように広がって他の学年に伝わっていくと思います。

床に広げてあるハンカチの真ん中をつまんで引き上げると、全体が引き上げられます。

学級もこのように、お手本となる行動を取り上げると、全体がよい方向に引っ張り上げられます。

これが波紋のように広がるということです。

この本では国語、特に日記と作文を中心にした仕掛けづくりを紹介します。

お手本となる作文や日記、発言の仕方を示すことで真似する子が必ず出ます。そうした子を取り上げて波紋のように広げることで、全体が伸びていきます。

1一人のお手本となる行動が

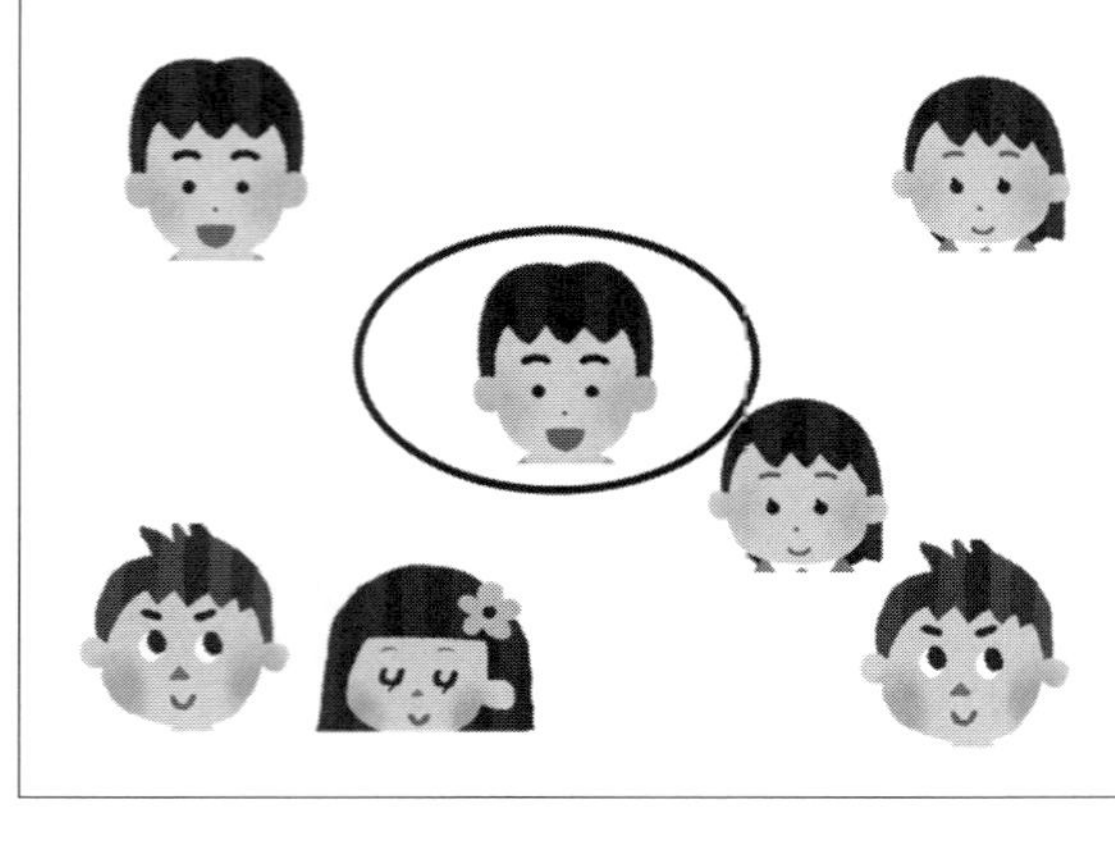

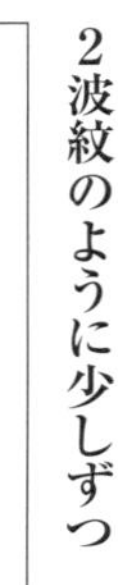

2波紋のように少しずつ

3教室に広がっていきます

二　欠席した子が喜ぶメッセージプリント

風邪などで欠席した子に、できるだけ多くの子どものメッセージを届けたいです。

次の方法だと一〇人以上が書くことができます。

1　Ｂ４版の白紙の用紙を用意する。
2　それを教室後方の棚の上に置く。
3　休み時間、すきま時間など空いているときに欠席者へのメッセージを書く。

　これだけです。

最初に次のような説明をします。

「欠席した○○さんにメッセージを書いてあげましょう。

後ろに紙を置いておきます。

紙の真ん中辺りに『○○さんへ』って書いてね、その周りにメッセージを書いてあげましょう。

私たちは医者じゃないけど、あたたかい言葉の薬で少しでも元気になってもらいましょう。

あなたのひとことで、三日かかる病が一日で治るかもしれませんよ。

多くの人が書けるといいですね。」

　このようにメッセージの意味を説明します。

　後は、「いつ書くのか」の仕組みを作れば、子どもたちが自由に書き進めてくれます。

帰りの会には多くのメッセージが書かれているので、それを近所の子に届けてもらいます。

　欠席した子は、すごく喜んでくれます。友だちの有難さを実感するようです。

次は、三日間欠席した子が書いたお礼の日記です。

ぜひ読んでもらいたいです……。

では、五年ぶりに、日記を書きたいと思っております。

この五年間、いえ、正確には、三日間何をしていたかというと、寝ておりました。

みなさんが真剣に授業をしてらっしゃった中、私はねてました。何とねてたのです！

めんぼくない。

みなさまに今日はお伝えしなければならないことがありやすので、このような形で書かせてもらっていやす！

え～とですね、私が姿を消した五年間（三日間）あたすにメッセージを書いていただき、まことにありがとうでやんす！おかげで心の底から地ひびきが伝わってきたです。

みなさまのメッセージが、あたいに友情という言葉を教えてくれたんどすえ～！！

べ、別にみんなにありがとうっていってるわけじゃないんだからね！

以上で、五年ぶりに書いたお日記を終わりにいたします。


少し照れた感じの日記ですが、仲間が書いてくれたメッセージに対する嬉しさが伝わってきます。

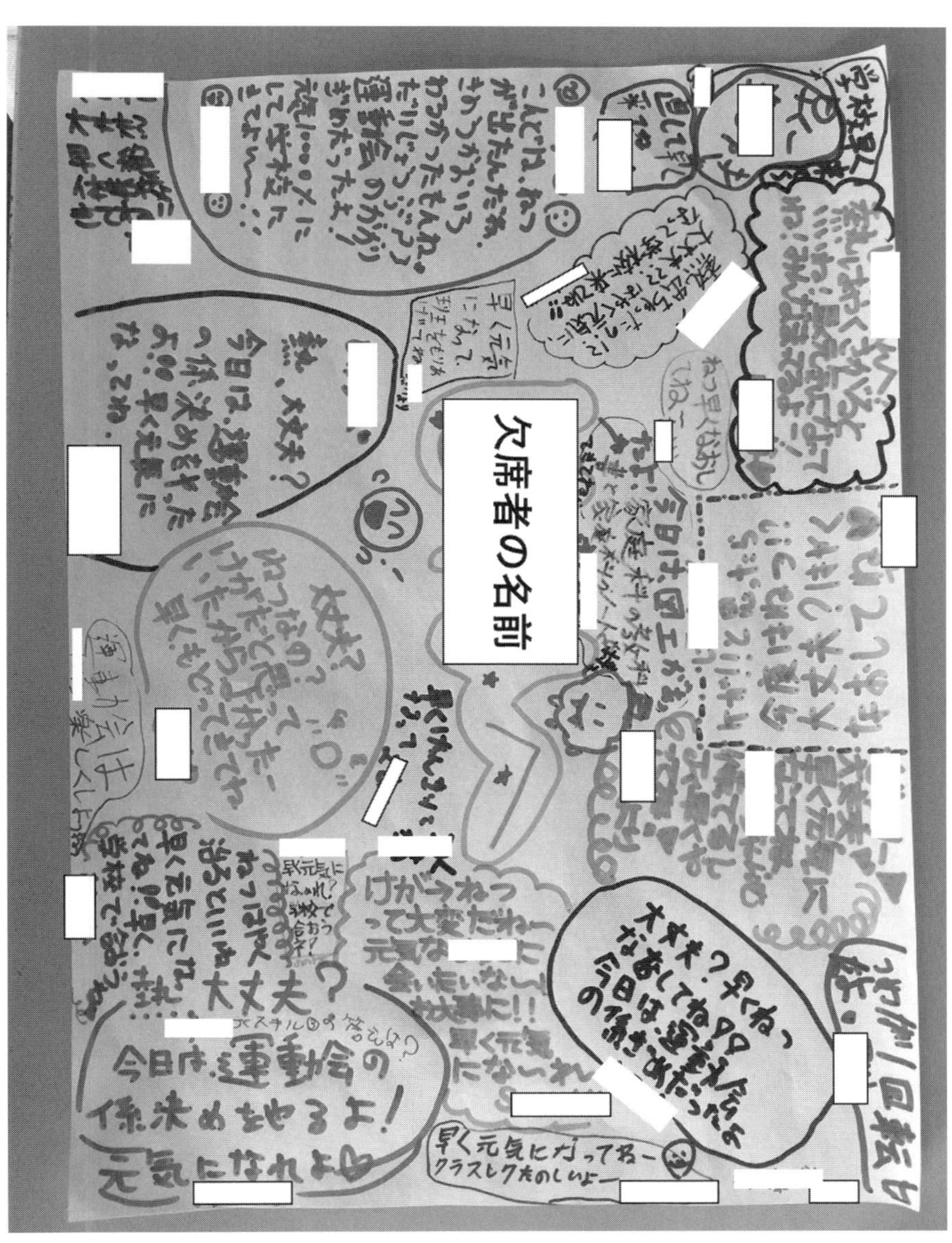
欠席者の名前
今日は、運動会の係決めをやるよ！
元気になれよ
早く元気になってね～
クラスレクたのしいよ～
大丈夫？

欠席した子の日記にあるように、「友達からの励ましの言葉」の効果がわかります。欠席していても日記を書いてクラスへお礼を言いたいほどの力が「励ましの言葉」にはあるようです。

ところで、日記を宿題に出すのは、少し抵抗があるように思われます。それはおそらく次のような理由からではないでしょうか。

日記の返事を書くのが大変である
全員の日記を読む時間があまりない
日記のテーマを考えるのが大変
日記を書かせるメリットがわからない
何をどれくらい書かせればよいのかイメージできない

私が日記を出す理由は次の三つです。

子どもの放課後の様子がわかる
直接言えない悩みを日記で伝えてくれることがある
お手本となる日記を紹介することで学級全体の文章力が上がっていく

確かに、日記の返事を書くのは大変です。それ以上に、子どもとの絆ができるという大きなメリットがあります。また、先ほどの欠席者の日記にもありましたが、「言葉をかけてもらえる」のが嬉しいのです。欠席していても、教室の友達とメッセージでつながるという安心感があるのだと思います。日記も同じです。教師が子どもの日記に返事を書くことで、子どもを勇気づけたり、労ってあげたり、感謝したりすることができます。

それも日記のよさの一つです。

子どもとの日記のやりとりで生まれるドラマも是非とも知ってもらいたです。

また、本書では「指名なし討論」の実践があります。

指名なし討論は、教師が発表する子を指名することなく子どもたちだけで次々と発表していきながら討論します。

私は、この指導法を向山洋一氏から学びました。「指名なし討論」を学級に取り入れることで授業がダイナミックになったのです。

五年の社会科で「北海道と沖縄、暮らすとしたらどちらが得か」というテーマで話し合いをしました。

以下は指名なし討論の一部です（子どもの名前は仮名）。

山本　話が変わって食べ物についてだけど、お米のことについて、北海道は米の田んぼの面積を使う割合が結構高くて、生産量も多いんだけど、沖縄はあんまりそういう面積も狭くて、それに加えて、田の面積の率も少ないからお米とかそういうのに困っちゃうと思います。

川口　今の山本さんの意見に反対です。面積が広いと言ってるけど、雪とかが降って、それでなんか、育たなくなったりすると思います。

佐藤　今、川口君は、雪とかが降っててと言いましたよね（はい）。でも、冬は多分、収穫されちゃってると思います。（聞こえません）多分、収穫されちゃってるからないと思います。田んぼにはお米の苗とかがないと思います。

川口　冬でも、北海道は一年中雪とかが降ってると思うので、それは違うと思います。

荒木　えっと北海道は、一年中雪が降っているわけではありません。

川内　えっと僕も荒木君と似ていて、川口君の意見に反対です。一年中、雪が降っているなんてどこにも書いてないし、あのう、気温が十度とか、気温があのう、少ないだけだと思います。川口君どうですか？

川口　ちょっと考えさせて下さい。

教師　もう話題が途切れたら、「話は変わるけど」と言って違う話題に移ればいいんだよね。そういうふうにやる。

尾山　話は変わるけど、お母さんに聞いたら沖縄には電車が通らないので、北海道には電車が通るので北海道の方がいいと思います。

江本　えっ、そしたら沖縄には、バスがあると思うので、北海道は雪が降っているときに電車などを通すと、危ないと思います。

安内　今の江本君の意見で電車を通すと危ないって言いましたよね。それは、反対です。

北海道で電車を通すことは危ないかもしれないけど、それなりの工夫はしていると思います。

江本　では、その工夫を教えて下さい。

「暖かい地方と寒い地方の特色を理解させる」手段として指名なし討論を行いました。

教師の手を離れて自分たちだけで話し合いを進めていく「指名なし討論」は、国語に限らずどの教科でも可能です。反対意見を相手に言えるということは、学級に「自由に何でも言える雰囲気」ができあがっているのです。

Ⅱ 日記の提出から返却まで
―仕組みづくりのヒント―

一 提出から返却までの流れ

1 「なぜ日記を書くのか」伝えることで一年のスタートを切る（スタートを切ったら2〜6の繰り返し）

2 「テーマあり」か「テーマなし」で日記を出す

↓

3　翌朝、提出された日記を二つに分ける
←
4　その日のうちに返却できる量の返事を書く
←
5　友だちの参考となるお手本日記を選ぶ
←
6　お手本日記を波紋のように広げる

1は、新しい学級を担任するときに子どもに語ることです。
そもそも「なぜ日記を書くのか」意味を伝える必要があります。
あとは2～6をワンセットとして、年間を通して繰り返していきます。
これが日記の提出から返却までの仕組みとなります。以下、詳しく見ていきます。

1 「なぜ日記を書くのか」伝えることで一年間のスタートを切る

四月の初めに「宿題で日記を出す」ことを伝えます。


「なぜ日記を書くのでしょうか。

大人になると、日常生活の場面で「住所と名前」以外、あまり書く機会がありません。

皆さんには、大人になっても住所と名前だけでなく、考えたことを表現できるようになってほしいです。

その日にあったことを記録としてノートに残すことで自分の成長を自覚することができるようになります。

この一年、教室では様々なドラマが起きるはずです。

悩みごともできるでしょう。

そのとき、そのとき、精一杯考えたことを自分の言葉でノートに刻み込むのです。

毎日毎日の記録が間違いなくあなたの心を豊かにしてくれます。

そのために毎日、日記を書くのです。」


これは、出会いの四月に教室で「なぜ宿題に日記を出すのか」語った内容です。

そもそもなぜ、毎日文を綴るのか、意味を伝えるところからスタートします。

2 「テーマあり」か「テーマなし」で日記を出す

日記は日によってテーマを与えるか、与えずに自由に書いてもらうかを決めます。

テーマ日記を書かせる頻度ですが、一学期はテーマ日記が多くなります。日記を書き始めた四月は、

「先生、日記って何を書いてくればよいのですか。」

という子が多いです。こうならないために、共通のテーマを出すと、子どもも書きやすくなります。

実際にどのように書いてもらうか子どもに紹介します。

3　翌朝、提出された日記を二つに分ける

翌朝、日記を提出する場所を決めておきます。私は教卓の上にしています。「開いた状態」で提出するとよいです。ノートを閉じたまま提出すると一冊ずつ開くという動作が入ります。このノートを開いてその日の日記の頁を探す時間が結構なロスになってしまいます。ただ、子どもの中には書いた内容を見られたくない場合もあります。背表紙を表にして開いた状態なら誰にもわかりません。

登校したら、ランドセルから日記を出す。それから「背表紙を表にして開いた状態」で提出するという習慣をつけるとよいです。

提出された日記の山をひっくりかえして、一冊ずつざっと見ます。一冊につき一秒程度です。次々と提出された日記を二つに分けます。

二、三行程度しか書いていない日記ノート
一ページ以上書いてある日記ノート

たくさんの文章量か、そうでないかという視点だけです。最初の段階はこの二つで十分です。日記ノートをざっと見て、二つに分けることで**「どの程度の返事を書けば、その日のうちに返却できるか」**見通しをもつことができるのです。

これをその場で一冊ずつ読んでは返事を書き、読んでは返事を書き、と続けていくと見通しがもてなくなります。まずは、全体がどの程度の日記を書いてきたか把握し、帰りまでにどの程度の返事を書くことができるか段取りをつけることがポイントになります。

4 その日のうちに返却できる量の返事を書く

日記ノートを二つに分けたら時間を見つけて返事を書いていきます。私は、一日の次の時間帯に返事を書くことが多いです。

- **朝、教室に入って朝の職集がはじまるまで（ない場合は、学級の朝の会が始まるまでずっと）**
- **業間休みか、昼休みかどちらか（昼休みに書くことが多いです。業間は子どもと遊びました）**
- **給食の時間（準備の時間、自分が食べ終えたとき）**
- **空き時間**

空き時間がある曜日とない曜日があります。空き時間がある日は、八割はその時間で返事が終わるようにしていました。

給食の時間も四月は、学級が慣れるまでは子どもにつきっきりです。徐々に子どもだけで準備ができるようになると、返事を書く時間が増えます。

スキマ時間を見つけては、返事を書いていくイメージです。

返事は、「二、三**行程度の短い日記**」から書いていきます。この日記の返事は**ひとこと**です。よって、すぐに終わります。例えば、次のような日記があります。


「今日は友だちとサッカーをしました。」

または
「今日は書けませんでした。」

のような、ひとことで終わる日記です。私の返事は短いです。

「**はい。**」「**いいね。**」


ひとこと日記の返事は、ひとこと返事になります。

日記が短い子へは、返事も短くします。

もちろん、学級に理由を伝えています。


皆が書く日記に返事を書きます。

返事の量は、日記の長さに合わせています。

長く書いた人には、長い返事を。短い人には短い返事です。

長く日記を書くということは、それだけ放課後の時間を日記に使ってくれたのです。

私も感謝の気持ちを込めて書きます。

逆に短い人は、日記より他を優先したのです。私も長く書いてくれた子の日記を優先します。

これで子どもは納得してくれます。

こうして次々と、短い返事を書いていきます。クラスの三分の一は、短い文量の日記です。「二、三行程度の日記」に全て返事を書き終えたら、長く書いてきた日記に返事を書いていきます。帰りの会から逆算して、一人につきどの程度返事が書けるか、考えながら書いていきます。

日記を長く書く子は、放課後の自分の時間を日記に割いてくれたのです。私は、「家で長い時間、日記に自分の思いを長く書いてくれたのだなあ」と思うと、労ってあげたくなります。感謝の気持ちで返事を書きます。

(1) 返事はラブレターを書くようにする

返事を書くときに意識していることがあります。**「ラブレターのように返事を書く」**です。向山洋一氏から学びました。このひとことで、私の返事が変わりました。次のことを意識して返事を書くようになったのです。

誤字脱字の指摘をしないで、よいところのみ取り上げる

日記を課す目的にもよると思います。

私は、子どもとのやりとりを目的にしていたので誤字脱字は指導しませんでした。ラブレターのような返事なので、漢字の間違いや文の訂正は好ましくないという考えです。それは国語の時間に行えばよいと思います。

私は、子どもの話、悩みをきくことや放課後の生活を知ることを目的としています。

さらに、日記を通して自主的に机に向かう習慣をつけたいと考えています。

したがって誤字脱字の指摘はしませんでした。

四月の保護者会でも、その趣意を説明します。

それでも、「誤字脱字を直してほしい」と要望する保護者がいた場合は、その子どもには誤字脱字を訂正していました。


「ラブレターのように返事を書く」

具体的に私が意識したことは、

1　名前を書いて労ってあげる
2　具体的に日記のどこが素晴らしいか書き、「文才がある」と伝える
3　次の日記も今回のように書いてきてほしいと伝える

この三つを常に意識していました。

> 五月十四日
> 今日、お兄ちゃんが行く「がんか」について行きました。人がいっぱいいて、なかなか順番がまわってきませんでした。お兄ちゃんの話では、もういちど、しりょくをはかったみたいです。それから「めがね」をつくるための物をつけました。びょういんをお兄ちゃんと歩きました。十五分たって、また見てもらってから帰りました。おなかがすいていたので、おひるは「マック」で、「マックチキン」「マックシェイク」と「ポテト」をかって家で食べました。おいしかったです。

これに対してわたしは返事を書きます。

○○さん、三日続けて長く書いて本当に素晴らしい！
こうやって「続ける」努力をする○○さんは間違いなく伸びます。

この日記のよいところは大事なところや強調したい言葉に「　　」をつけています。

これはかなり上級です。素晴らしいです。

次は「　　」会話文があると面白くなります。

「　　」会話文が三回連続出てくると勢いのある文になります。

例「マックおいしいね」「私はポテトが好き」「ぼくはジュースだよ」のようにです。
○○さんならできます！また書いてね。

ラブレターのような返事を意識して書きます。翌日の日記です。

五月十五日
今日の六時間目の「クラブ」私は「料理クラブ」なので、さっそく来週作る食べ物を考えました。

いろいろと話し合って「サンドイッチ」や「パフェ」という意見があって、また話し合った結果「パフェ」に決まりました。

それから料理を作る「グループ」を決めました。私がいるはんは、「Fはん」で、

（中略）

先生が「**もう決まったの？**」

「**はい！**」

「**まだ三十秒あるよ**」と先生が言ってくれて「けっこう早かったなあ」と思っていました。早く作りたいです。

このように返事一つで、日記の書き方を変えることもできます。子どもがアドバイスを受けて書いてくれるので、翌日の日記が楽しみになります。

空き時間もあって余裕があるときは、「今日はサッカーをしました。」のひとこと日記にもラブレターのように返事を書いていました。

「**昨日、○○くんは、当番でないのに黒板を消していたね。さりげない行動に感動したよ。**」と**日記の内容とは全く関係ない返事**をするのです。この返事は子どもも喜びます。「先生は自分のことを見ていてくれる」と。

(2)　悩みごとの日記は、まず共感することから始まる

また、多感な時期をむかえた高学年になると、深い内容の日記が提出されることもあります。私は高学年担任のときは、必ずといっていいほど伝えていることがあります。

「**先生に直接言えないことも、日記だと気楽に書ける場合もあります。相談したい、聞いてほしい、そういったことも日記に書いてよいですよ。先生は聞いてあげることしかできないかもしれないけど、書くことで少しでも気が楽になるのなら嬉しいです。日記をそのように使って構いません。もちろん、そういう日記は読み聞かせしないから安心してね。**」

ある高学年の日記です。


「心が楽になる方法」

母が姉と話していた。お風呂上がりで体をふいていると
母が「末っ子ってめんどくさい」と言った。

私が何か悪いことをしたのかもしれない。

でも「めんどくさい」って…。生んでくれたのはとても感謝している。

こんな何もできない私に母は、私の母親をしている。

大好きだ。

家族。

それなのに、めんどくさいなら生まなきゃ良かったのに、何で生んだのだろう?

こんな完ぺきな姉がいるのに母に不満を持っているわけではない。

でもなぜ私を生んだのか最近ずっと考えている。

私は「心のノート」といって思っていることをすべてそのノートにはきだす、という事をしている。

別にせっかくいただいた命。

だから死のうなんて絶対に思わない。

「心のノート」を書くと心がスッキリするのだ。思ったことをそのノートにすべてはきだす。

心が楽になる方法。


ときどき、このような日記が提出されます。

私は、ラブレターを書くように全力で返事します。

こんなに大事な話を私にしてくれてありがとう。
私でよければこれ（日記）も、「心のノート」として使って構わないよ。
家にあるのは自分だけしか見ない心のノート。
これは私だけが見るノート。
なぜ○○さんが生まれたのか。
この時代（平成）に必要だからです。江戸でも明治でもなく、今、
この時代にいなくてはならないのです。
○○さんにしかできない「使命」があるのです。
ものすごくピース（かけら）の多い大きなパズルがあって、あなたがピタッとはまる、あなただけの居場所、役
割、使命は必ずあるのです。
余分なピースは一つもない。
たった一つが欠けてもパズルは成り立たない。
○○さんにしかできない使命が必ずある。
例えば、あなたへの質問があったよね。
友だちから「書けないときはどうするの？」に対して、
「それぐらい自分で考えて」って超笑顔で答えた。
あのソフトな言い方、多分、真似できない。あなたにしかできない。
まだまだある。

短い日記への返事を先に終えることで、このような日記に時間を割くことができます。
この子の翌日の日記です。

> 先生、ありがとうございました！嬉しかったです。
> 私、夢が出来たのです。最近「学校の先生」です。
> 私はバカで話すのも得意じゃなくて正直、絶対無理と思ったのです。
> でも五年生の時に○さんが授業で「○○さんは教師に向いていると思います」って言ってくれたんです。
> そのときから気になり始めて、最近、先生の日記の返事などで、色々勇気をもらってがんばろうと思いました。
> 私も先生になったら、生徒の背中をおしてあげたいです。

日記に返事を書いた私も報われます。
このような**子どもとの関わりができるのも日記のよさ**です。
子どもの心は、いつも揺れ動いています。
気持ちが沈んでしまうこともあります。
その時に、少しでも晴れやかになれるような返事が書ければと思います。
このような心の声は、担任に直接話すよりは、日記に書く方が伝えやすいと思います。

ある高学年の日記です。

> ある女の子が言った。
> 「なぜみんな私のこと分かってくれないの？」と。

第一話「姉」

女の子には、母の自慢の姉がいた。足が速い、水泳がものすごく速い、球技だってできる。

とにかく運動神経がバツグンな上に、
硬筆、習字、書初めで、ずっと賞をとっている。

勉強はそこそこだが、これだけできればいいだろう。

女の子は姉とは真逆。

足も水泳もおそくて球技もできない。

母は私を自慢の娘とは思わないだろう。何も持っていない私は。

これからどうすればよいのだろう。


私は日記を読んでピンときました。

「どこかの女の子」という客観的な書き方をしていますが、本人のことだと直感しました。

もしかしたら家で姉と比べられているのかもしれません。

直接的でなくとも、ちょっとしたことで比べられていると感じているのかもしれません。

読んで私もさりげなく返事を返しました。

「その女の子」へ向けて書いたのです。


その女の子に私だったら何て言うのだろうって考えた。

「比べられて大変だね」って言うのかな。

「気にするな」なんて言えないな。きっと気にしているのだから。

私はその女の子と同じで弟と比べられてきたからなあ。

もちろん、私とその女の子の立場は同じだ。
多分だけど、その女の子は周りに気づいてサッと優しくしてあげられる人だと思う。
さりげなく集団をよい方へ、明るい方へ導いてくれる人だと思う。
なぜかって？
兄弟姉妹で、ちょこっと比べられる人は
「周りに気づいて人を元気づける人」だから。
そのことに賞とか、順位のように目に見えるものはもらえないけど。
その女の子のお母さんはきっとそのことをよく知っていてくださると思う。
姉にないものを、その女の子はもっていると思う。
賞や順位じゃないものをね。

おそらく、この子は自己肯定感が下がっていたのかもしれません。

担任の返事で少しでも気が楽になれば、日記を出した甲斐があります。

日記は担任と子どもを繋ぐ絆ともいえます。


次は男子の日記です。


今日はもう一つ書きます。あいさつについてです。

二組は一学期、二学期のあいさつは学年一位でした。

しかし三学期の今回やっている「あいさつ強化週間」は二位か三位です。明日が最終日なのにクラスの八〇%（約三〇人）があいさつを元気よくしてくれて、めいぼにかかれる確率は少しだけだと思います。

（これから書くのはあいさつについて自分の反省）
前の日記ノートに書いた「先生に負けないあいさつ達人になる」と書いてきました。
しかし今日の朝、前に出て皆の前であいさつをしたら全然小さかったです。
しかも元気もなかったし、最悪なあいさつでした。
こんなぼくが
「あいさつ達人」になりクラスを卒業まで引っ張っていけるのでしょうか。

この日記に対して長文の返事を書きました。


迷ったけど書きます。

四月から一年間、ともにクラスを日本一にしようと手を取り合ってきた同士だからです。

先生と児童という関係でなく日本一にしようと先頭に立つ志を同じにする同士、その一人が○○です。

最後の質問、「クラスを卒業まで引っ張っていけるでしょうか。」については難しいです。

もっというと今の○○では無理です。
一、二学期の頃の○○ならば、できたかもしれません。
「あいさつ」はよいです。

私は、あいさつは達人になるとかじゃなくて、遠くにいる仲間にこちらから早く気づいて「おはよう」とか「さようなら」って言えば美しいと思うのです。

ちゃんとあなたのこと遠くからでも気づいているよという嬉しいメッセージです。

「クラスを引っ張る」のは、あいさつとは違います。

あなたが代表委員とかじゃなく「引っ張る」という志があるのなら、行動すればいいのです。

けど、あなたは行動しています。

一つは。

こうして日記にクラスのことを話題にしています。何も感じない人は話題にすらできません。

けど、こうしたことを話題にするのは、「なんとかしたい」と考えるからでしょう。

あと二十三日、六年二組の「日本一」という島は目の前です。

今、船は止まっている状態。

志ある人がちゃんとこげば着くのです。そのこぐ人は六人です。六人いれば十分です。

卒業式の日に「日本一じゃない」と思う人はいるでしょう。

その人は一年間、何もクラスのためにしなかったさみしい人です。

友だちも少ないです。（これは私の経験則です）

私は○○にならなら、書けると思ったのです。あなたは真っ直ぐです。

四月「廊下に並ぼうよ」「時間だよ」と声をかけていましたね。まだバラバラな四月、そんな中で必死に声をかけていたのが○○です。ずっとずっとその志は続きました。

十一月。私が「授業しない」と宣言し、クラスが氷のように固まったとき、
少しの沈黙の後、前に出て話し合いのリードをしたのが○○でした。

そのときのクラスも「○○くん」になんとかしてもらいたかったのです。

もっと遡ると私が教室を出たとき、四月、五校時が終わり、戻ったとき話し合いの結果を紙にまとめていたね。

その紙、まだ今もあります。

試練の要所、要所にあなたが志をもっていたのですね。

ありがとう。

お礼が言いたかったのです。


このコメントにどのように反応するのか、少し心配でした。

「今日は書けません」とくるだろうか、書いてしまったものは仕方ありません。

信頼関係があることを信じて書きました。

翌日の日記です。


日記の返事ありがとうございました。

「今の○○では無理です。一、二学期の○○ならばできたかもしれません。」心にきました。

ひびきました。

けどこれはぼく自身も気づいていたこと。それなのにやらなかった。

マイナスだ。しかし残り二十三日。その間は必死に死ぬ気でがんばる。それを心に決めました。

今日、そうじの日本一がなくなった。皆ひっしに船を動かそうとした。しかし図書室（ぼくがいる所）が働かなかった。

すると「日本一」という島に行くまでの海で流された。

遠くなった。これをプラスにするには他が休んでも図書室だけで船を動かせるという所まで持っていかなければならない。

それが同じ志を持つ者で船を二倍の速さで進めなければならない。

まだ今の船長は先生だと思う。

それを生徒ならば僕たちの中から船長にしなければならない。

このようなことをぼくが少しずつでもやっていけば皆誰一人残らず

卒業の日「日本一」だと感じるだろう。

私はその日のうちに返事を書きました。この日は空き時間が二時間あったのです。


ありがとう。

人は私も含めてマイナスになるときがあるんだよ。

そんなのいいの。ただ、卒業して一年を振り返ったときトータルして自分の行動がプラスになっていればいいんです。一、二学期、そして三学期の初日（パーティーの企画を実行したよね）、
○○は多くのプラスの行動をしてきた。
一、二学期であなたはものすごい貯金をしたんだ。クラスの船をずーーーっとこいできた。
もちろん、あなたがマイナスの行動をしてたんじゃない。それはわかっている。

「何もしない」ことがマイナスだったんです。

大丈夫です。あなたは一、二学期の貯金がありすぎます（笑い）。

まもなく卒業です。私もあなたと同じ「日本一」に向けて全力でやっていきます。

あなたには「ありがとう」っていつも思っているのです。

本当に。

悩みごとや相談ごとを書いてきたときは

1　共感する

「そんな辛いこと、よく私に話してくれたね。ありがとう。」

2　共有する
「私も、そのことで一緒に悩ませてほしい」
3　一緒であることを伝える
「いつでも日記で教えてほしい」

この三つのスタンスで返事を書いてあげるとよいです。子どもは日記に書くだけでかなり気持ちが落ち着くようです。それは「悩み」を「先生にも知ってもらえた」と感じるからだと考えます。

5　友だちの参考となるお手本日記を選ぶ

子どもは自分が書いた日記が、どの程度のレベルなのか最初はわかりません。よい日記のイメージをもっていないためです。

そこで、よい日記を学級に紹介します。子どもたちも「これが、よい日記なのか。」と、お手本にすることができます。例えば、次のように予告することもあります。

「日記のテーマは○○です。
長く書いてほしいので十行以上書きます。
十行以上書いた人の日記は、全員にコピーして配ります。」

このように最初は「十行以上」と文章の量を指定します。日記の内容は問わないのです。

コピーして配付するのは、週に一回できれば十分です。毎日では教師が大変です。読む子どもも大変です。翌日、十行以上書いた日記は全てコピーして子どもに配ります。

コピーするときに大切なポイントがあります。

一人分の日記をノートそのままのサイズでコピーすると印刷が大変な量になってしまいます。

そこで、日記は五十％の大きさに縮小してコピーします。

そしてB４版の用紙にできるだけ多くの日記を貼ります。

これで一枚のプリントに多くの子の日記を載せることができます。日記の長さにもよりますが、B４裏表に十人分の日記なら貼ることができます。

子どもの日記と一緒に教師の文章も載せるとよいです。

子どもの日記をコピーする意図、子ども達に向けたメッセージなど、そのときどきで伝えたい教師の思いを綴るのです。

ある年に配付した私のメッセージです。

四月の最初に「文章道場」というタイトルで配付しました。

「なぜ配付するのか」「どのようなノートをコピーしたのか」「次の目標」など、子どもに向けて書きましたが、同時に保護者に向けても書いています。

プリントに載せる日記に名前を入れる場合もあります。

名前を入れずに①②と番号をふる場合もあります。

名前を入れずに番号だけふってあるプリントを配ると、

「これ誰のだろう?」

文章道場　NO２　　　　　４月28日　竹岡　正和

３組の皆へ

授業の感想、日記など、「書き方」で参考になるものを載せていく。

目的は「クラスの文章力」をアップさせることである。

なるべく多くの人の文章を載せたいが、友だちの参考となるものが第一となる。

今回は授業参観の「数え方」の感想である。

予告通り６行以上のノートは全て載せた。次は「ていねいに書いた」かどうかも見る。

そもそもなぜ「文章」を書くのだろうか。

先生は皆さんに日々、感じたこと、考えたことを書くようになってほしい。

頭で考えるときは言葉を使っている。

だから、たくさん書いてたくさん言葉を使ってほしい。

毎日の生活を綴り、振り返られる大人になってほしい。

作文上達の第一歩は「長く書く」こと。

３月には感想を10行書けるようになる。

４月は４行でいい。この４行は毎日４行である。たまに４行書くでは駄目である。

歯を磨くように当たり前のように４行書けるようになったあと、

楽に10行書けるようになっていく。

自転車の運転も最初のひとこぎが大変だ。

でも勢いにのれば、ペダルを踏まなくてもしばらく走り続ける。

作文も同じ。４月の４行が一番大変なんだ！

「この字は○○さんじゃない？」
など、じっくりプリントを見ることもあります。

6　お手本日記を波紋のように広げる

お手本となる日記を波紋のように広げる方法は二つです。

読み聞かせで広げる
印刷して配付して広げる

まずは、**読み聞かせで広げる**ポイントです。

日記の読み聞かせは、朝の会がよいです。

朝、教室に入ってわたしが一番にすることは、教卓に提出された日記を読むことです。

その時の教師の視点で、短い返事と長い返事の二つに日記を分けます。

朝の会で日直が「先生のお話です」と言ったら、わたしは日記の読み聞かせから入ります。

「いくつかよい日記を紹介しますね。
まずは、○○くん。読んでもいいですか？」

と聞いてから読み聞かせをしました。

「よい日記」が紹介されます。

今日は、ビックリすることがありました。それは業間休みの時、ドッヂボールをしに、しょうこう口に行きました。するとくつのかかとが、げた箱のはしにそろってならんでいました。男子の所も女子の所も全部です。ビックリしてしまいました。気持ち悪いくらいそろっていたので、げた箱の前でいったん立ち止まってしまいました。だれがやってくれたかはしりませんが、これもクラスの根っこの部分です。見えない所で、だれも見ていない所でクラスの役に立つのはすごいです。　さんと、『今日の日記このこと書こう』と話していました。くつのかかとをそろえてくれた人、ありがとうございました。

先ほどの画像の日記であれば、

「誰かが、自分の時間を削って下駄箱の靴をそろえてくれたんだね。しかも自分の名も名乗らずに。そういう人がこの学級にいて幸せですね。そろえてもらった人は、次はそろえてあげる番です。それにしても、こうした友だちのよい行動を取り上げて日記に書いてくる○○くんも素晴らしい。きっと次は下駄箱の靴が乱れていたら直してくれるはずです。なぜなら、下駄箱を見て美しいと思える心をもっているからです。だからこそ日記の話題にできるのです。」

など、読み聞かせした後にコメントすることができます。

これは朝のスタートにはもってこいです。

「自分も真似しよう」という雰囲気を作り出すことができます。

帰りの会は、「さよなら」をしたら終わりです。

せっかくよい話をしても、この後、子どもは教室から出て行くだけです。

そう考えると、これから一日が始まる朝の会で読み聞かせするのがよいです。

高学年のときは朝の会だけでは紹介しきれなかったので、「給食が終わるころ」に読み聞かせすることもありました。

高学年は給食を食べるのも片付けるのも早いです。

空いた時間を使って読み聞かせするのです。

この時間の読み聞かせは「掃除をがんばっている人」について書かれた内容が多かったです。

給食の後は、清掃活動の時間だからです。

掃除に関する日記の読み聞かせの後、子どもの掃除に対する行動は変化します。

このように「いつ読み聞かせするか」も考えるとよいです。

(1) 読み聞かせの後、どこがよいのか具体的に考えさせる

日記のコピーを配付したら、読み聞かせの後、次の作業を子どもがすると、さらに学級の文章力が高まります。**具体的にその日記のどこがよいのか、子どもに考えてもらう**のです。

〈子どもに考えてもらう内容〉

1　この日記のどこがよいか
2　自分の日記で真似したい書き方は何か
3　どうして長く書けるのか、日記から秘密を探す

わたしが教室で行った指導のテープ起こしがあります。
六月、五年生を担任したとき他校の優れた六年生の日記の読み聞かせをしたときのものです。

> あるクラスの子の日記を配ります。
> 全国でもかなりすごい日記だと思うので、全国レベルの子がどのような日記を書くのか楽しみですね。
> では、読みますすね。六年生の子が二月に書いた日記、二日分です。
> (読み聞かせをする)
> この日記のすごいところはどこでしょうか。
> たくさん見つけて書きましょう。①②とプリントの空いている所に「すごいところ」を箇条書きにします。

（プリントに書き込む）

はい。それでは発表してもらいます。一号車起立。

この日記のすごいところはどこでしょう。プリントに書いたこと全部言われたら座ります。
○○さんから大きな声で発表します。メモする人もいるからね。

国語辞典とかを使って調べたりしている。

文を長く書いている。

小学生だとは思えない。

予想があること。

うまくてわかりやすい。

自分の考えが書いてある。

具体的な図に表して、その説明が書いてあるところ。

漢字をバラバラにして、一つひとつの意味をちゃんと考えている。


はい。四号車までで他にあるという人は？はい、立って言ってください。


絵や虫の料理とかがすごいと思いました。

「追伸」などと普通は書かない文字が書いてある。

二日も漢字の成り立ちとかが書いてある。

「さんずい」がついているから水に関係するものと、何がついているからこうだと書いてあるのがすごいと思いました。

日記に〜したとか、その日のことを書いていない。その日に自分が考えたことを書いている。

日記に勉強のことを取り入れている。

自分でこれは違うとか、この時代にはないだろうとか可能性がありそうな意見、予想を絞り込んでいる。


二号車の人、これから文を書くときに、真似しようと思うところを一つ言って、全部言われたら座ってください。


これだとバチンと決めているところです。

自分の予想を書きたいです。

図に表す。

辞典を使って調べた結果などを書く。

最初に書いた日記を続ける。


まだあるという人?すごいなあ。見る目がありますね。立ってください。

見込みがありますよ。今立っている人は。


（子どもの発表）

読み手に意味がわかるようにする。

答えを先に書くのではなく、自分の予想を先に書いているのを真似しようと思った。

日記に勉強を取り入れる。

言葉遣い。

図を描く。

読みやすく書く。

これだと思うものを何個か出してから決める。


今の発表をメモしましたか？

メモしたって人？はい、素晴らしいですね。

ちゃんと聞く耳をもっている人ですね。このようなレベルの文章が書けるようになりたいって人どれぐらいいますか？はい。おろします。

書けるようになります。（中略）

三月になったらこれぐらい書けるようになっていますよ。

ポイントを全部発表したでしょう。アドバイス全部、わたしが言いたいこと、全部発表されちゃいました。

予想してから書くとか、いくつか候補をあげるとか、図を入れるとか、辞書で調べるとか全部出されました。

あとはそれを自分の日記に取り入れたら問題ないですね。

やる気がある人は日記にたくさんコメントでアドバイスしますよ。（中略）

国語のノートを（机上に）出します。

どれぐらい皆がレベルアップしたか確認しよう。

はい、最初に「海がつく漢字」の勉強をしましたね。

その日の授業の感想を書いたものが、ノートの最初にあるでしょう。

（子どもたち、ノートの最初の方をめくる。四月のはじめ、一行程度しか書いていないことに驚いている）

それでは、○○くんの読むぞ。○○くんの授業の感想を。

「海のつく言葉がわかってよかったです。ぼくは海老しかわからなかったけど楽しかったです。」

なのです。これだけなのです。二行。

それが○○くん、今はどうだ！

「雨はすぐ止んだ。理由は教科書に『日は照りぬ』と書いてある。…」

グワーッと何行も書いてある。こうやってほらっ。見てみて！

（ノートを持ち上げて見せる。教室に歓声があがる）


この後も続くのですが割愛します。

自分が書いた四月のときの文章と六月の文章を見比べてもらいました。

全員が自分の成長を自覚することができます。

そうすることで、

「四月よりもこんなに書けるようになったんだ。」

「自分だって、もっともっと伸びることができる！」


と感じてもらえます。

毎回このような時間をとることはできません。

学期に一回できれば十分です。

この一回で、子どもたちは俄然、やる気になります。

翌日の子どもたちの日記は激変しました。

日記の読み聞かせが心に残ったようで、多くの感想とやる気が書かれました。

6月のノート

■全国でもトップレベルの日記のコピーを配った。
きっと驚いたことと思う。こういう時、
「よーし、自分だって!」と少しでも思えば伸びる。

「目標」ができるからだ。目標がイメージできれば、あとは少しずつ進んでいくだけだ。
全国のトップレベルの文章がどういうものか、理解できたと思う。
あとはマネしていけばよいのだ。「学ぶ」とは「マネぶ」ことだ。
「目標」にむかって「実行」すれば、自らゴールが見えてくる。以下は、その感想である。

今日の授業の感想

今日は、日記のうまい書き方について。プリントを二まいもらいました。まず一まい目・・六年生の日記をまずみて私は「むずかしそー…チンプン、これ?」とにかく不明・・・てかんじでした。読んでるうちに「スゴーイ。へえー。こうゆうのを使えばいいんだ!」と思いよみました。まず、長崎の六年生がかいた日記についてスゴイ所をプリントにみつけた時私が思ったことはまずさすが六年生!!日記の中で漢字の分析ということについて・・・という考え方がまずスゴイと思いました。②読み手につたわるようなくふうをてきな図で表わしていること。③むずかしい。みんながわからないような漢字で、問題をだしていること・・・④わからないことを図を二つ手で書いて考えていること⑤それでもわからなかった場合辞書をつかって調べていること⑥図にも説明が書いてあることと⑦ちゃんと辞書で調べたことを最後結果として書きまとめたことなどが長崎の六年生のスゴイことです。

自分が書く時まねしたいことは、ほぼ全部といいたいところですがだいたい①読みでにつたわるようにぐたいてきにかくことと②自分のようすをいっぱいかくことです。

次はある学級の日記(このクラスでは○・H)についてです。まず、私の一番この日記(いちばん)スゴイと思った所は楽しそうな言葉づかいです。ふつう(私が書いてるような)日記はていねいな言葉をなるべく使うようにしていますが、この四年生の■くんは、ていねいな言葉の中におもしろい言葉を入れ読みてが読みたいなぁ…と思う楽しいふんいきをつくっている…ということがまず一番、次②Q③などQという言葉を使っていてふしぎにどんな問題だろう…??などとわくわくさせてくれる所です。③は、自分(■くん)がぎもんに思ったことを電話したり現地に行って聞いてみたり…とこの宿題でもない日記のためにわざわざスゴイなぁと私は感じました。④たとえばとくに②2は予そうがいっぱいありました。(四つ)予そうが多いほどやっぱりその時考えてあった、たぶんうかいて私はそのような所も良いと思いました。そして最後の方に静岡県にもいったと書いてあって、やっぱりこの六年生の■君と四年生の(私たちより年下の)■君のような日記を書きたいと思ったら、今日いた時へたぶん今日この日記をお手本にして良い所をドンドンまねして日記を書くのが上手になりたいと思いました。これでおわりです!

水無月廿五日

今日、六年生と四年生の作文を見た。六年生の作文は、だいたい二十行はかいている。友だちの意見で、■君の漢字二つの意味がかいてある。というのは、そうだと思う。■さんの「これだ」思うのをなんこかかいてみる。という意見で私が気がつかないことをいっていて、すごいと思った。六年生の日記でまねしたいことは、①…調べたことをかく。②…けっかをかく。③…よそうをかく。④図を書く。⑤…くわしく説明をかく。などいろいろとまねしたいことはあった。四年生の日記もすごくて、「イチゴ」のことについてとてもくわしくかいてありころらもまねしたいはたくさんある。いいところは、①…もんだいをつくっている②…見た事をこまかくかいている。③…こたえを出す前によそうをかいている。④…けんちにいってしらべている。など四年生なのにすごいと思う。私もこの二人をみならいたいと思う。

授業の感想

今日は、6年生と四年生の作文を読んだ。六年生の作文は出来事を書くのではなく、勉強の事が書いてあるからすごいと思った。あと、図も書いてあってわかりやすかった。日記は字だけだと思っていたけど、図も書いていいんだと、はじめて知った。四年生の作文は、説明文みたいな文を書いてあるからすごいと思った。しょう来、説明文を書く人になれそうなくらいすごい人だと思った。自分で問題を作っているのもすごいと思った。それも①ではなくQ1というのもおもしろい書き方だ。その日記は、とてもいっぱい書いていて私もできないくらい、いっぱい書いていたその子は作文を書く時は5まいから時には十まい書くと思う。いつまでも書いていると思う。私もそうゆうふうになってみたいと思う。四年生とは思えない日記だった。二人とも勉強のことについて書いてあるからすごいと思った。今度から、そうゆう日記にしたいけどむずかしそうだから、ふつうの日記にしようと思った。三学期にはそうゆう日記が書けるようにしたいと思う。すごいと思う。

やる気のある日記をコピーして配り、学級全体に広げました。

それが前ページにあるプリントです。

「六月のノート」というタイトルのプリントに長く感想を書いてきた日記を載せました。

これも、

1　お手本を示す　→**長崎県の一つ上の学年の優れた日記を紹介する**
2　真似するように勧める　→**「どこがよいか」「書き方で真似したいこと」を発表し、日記に役立てるよう勧める**
3　波紋のように広げる　→**実際にレベルアップした日記を紹介することで広める**

という仕組みになっています。こうすることで学級の日記の質を高めることができます。

日記の返事を書く、よい日記を編集してプリントにする、読み聞かせするという手間はかかりますが、それ以上に学級にもたらす価値があります。

(2)　子ども同士で文章力を高め合うには

1　よい日記の中で真似したい書き方を子どもに考えてもらう

「○○さんの日記で真似したい書き方を探します。

どんな小さなことでもよいです。

プリントの空いているところに書きましょう。」

⇩

2　発表してもらうことで情報を共有する

「図を使っているので、読んでいてわかりやすいです。自分も図を使いたいと思いました。」

「箇条書きにしてあるので、理解しやすいです。だから僕も箇条書きを使いたいです。」

「会話文が多いので、イメージしやすいです。」など

⇩

3　今日の日記に一つだけ取り入れる

「たくさんのよい書き方が発表されました。

今日の日記に一つだけ取り入れます。こうして文章力を磨くのです。」

学級で共有した「よい書き方」は、その日の自分の日記に取り入れるようになります。学期に一度行うだけで子どもの日記は変化します。

さらに学期が進むにつれて、子どもの書く量も多くなります。

(3)　子どもに配付したプリント

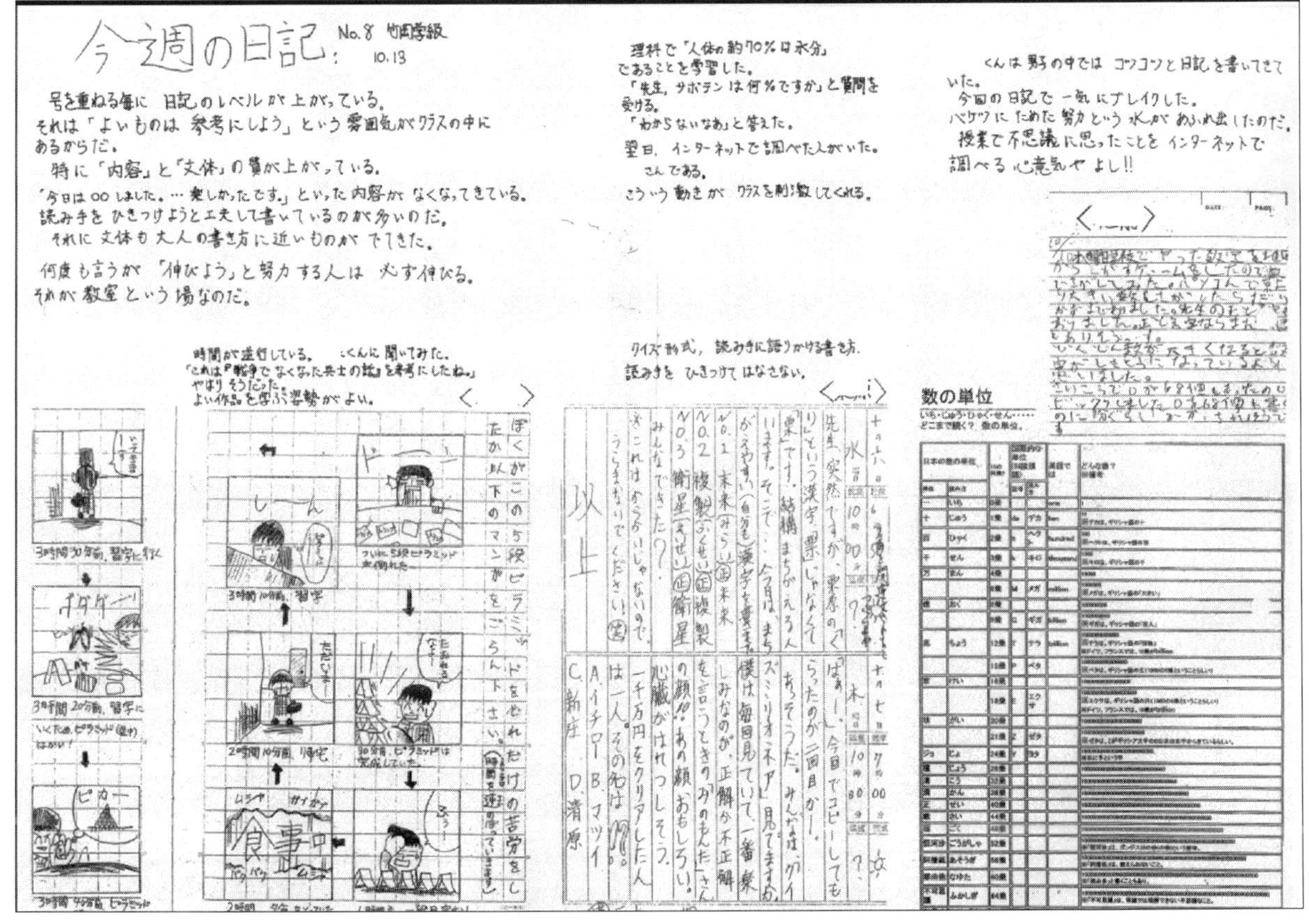

今週の日記：　No.8 竹岡学級　10.13

号を重ねる毎に　日記のレベルが上がっている。

それは「よいものは　参考にしよう」という雰囲気がクラスの中にあるからだ。

特に「内容」と「文体」の質が上がっている。

「今日は○○しました。…楽しかったです。」といった内容がなくなってきている。

読み手をひきつけようと工夫して書いているのが多いのだ。

それに文体も大人の書き方に近いものがでてきた。

何度も言うが「伸びよう」と努力する人は　必ず伸びる。

それが教室という場なのだ。


理科で「人体の約70％は水分」であることを学習した。

「先生、サボテンは何％ですか」と質問を受ける。

「わからないなあ」と答えた。

翌日、インターネットで調べた人がいた。

こんである。

こういう動きが　クラスを刺激してくれる。

くんは男子の中では　コツコツと日記を書いてきていた。
今回の日記で　一気にブレイクした。
バケツにためた努力という水があふれ出したのだ。
授業で不思議に思ったことをインターネットで調べる心意気やよし!!

時間が進行している。　くんに聞いてみた。

「これは『戦争でなくなった兵士の話』を参考にしたね。」

やはりそうだった。

よい作品を学ぶ姿勢がよい。


クイズ形式、読み手に語りかける書き方。

読み手をひきつけてはなさない。

数の単位

今週の日記 No.7

宿題でもないのに日記を提出してくれる人がいる。

「文章を書く」ことも習慣になればむしろ楽しくなる。

授業中よく言うが　6年生ならば「原稿用紙10分で1枚」が目標である。

人の文章を参考にすることによって、2組の日記がものすごく上達している。そのためにもこのプリントを作り続けようと思う。

9/30 木 ⑫
突然ですが、今日は、私の誕生日でした。

それで、家に帰って、お母さんに広辞苑、妹にCDをもらいました。本当に本当に本当にうれしかった！広辞苑がほしくてほしくてしょうがなかったので、本当にうれしかったです！でも、

「広辞苑なんかほしいのあんただけだよ。」

って言われました。母に。生憎、もう一人（○○○○さん）ほしがっている人いるんですよー。あははははは。（何が何だか）

今日は学校で「調べてきなさい」っていわれたのがあったとしても覚えてないので、確か「ノリオのこと」を考えろとか（悲しい場面）言っていたような気がするからそのことを書きます。

一つ疑問に思ったことがありました。

それは、『また秋の時のノリオっていったい何才』ということです。まだ二才ぐらいなら、お父さんが死んだっていう意味もわからないだろうし、四才ぐらいならだいたい意味もわかるて悲しいんじゃないかなぁと思います。　私は、きっと、『一つの花』って本（戦争の）の主人公のゆみ子みたいに、お父さんがいたことも忘れているんだと考えました。もしそうだったら、お父さんかわいそー。


そう！＿＿さんから電話がありました。大変らしいです。

「日記、配ったよ」って言ったら、

「え――っ！やだ――」

って言ってましたよ。

今10：00なので、早めにねます。広辞苑まくらでねよ。← しめくくりもよい。

〈＿＿＿〉

すごい。

誕生日に広辞苑。

一生使える宝物だ。


こうして授業のことを文章にするのがすごい。

「あれ…
やなの…？」
ごめんね
＿＿さん。

〈＿＿ト〉

漢字もよく使っていてよい。


疑問に思うのはよいことだ。

私もサンゴのことについていろいろ勉強になった。

教師だが、生徒からいろいろと学ばせてもらっている。

9/8（水）⑥
今日、国語の題があったのでまたまた、先生に聞いてみました。国語の先生も「植物だから。」と言っていました。そこで僕は学校の授業で辞典で調べたら、動物って書いてあった。と言ったら、先生が調べてみようと辞典を僕がひいて見せたら「あ、そうなんだ。」と言って「卵も生むしね。」と言ってました。そこでまたまた疑問に思いました。サンゴは卵を生むのかな。と思いました。今度は、図書室で調べたいと思います。でもこの発言は間違えたのかもしれないと思った僕です。理科の先生にも報告しようかなぁと思いました。
漢字63個

〈＿＿＿〉

書き出しがよい。

読み手をグッとひきつけている。

文章は、肝心に思った所やオノマトペから始めるとよい。

「カチャカチャカチャ」私は今パソコン、りゃくして…PCをやりながら書いてます。今日は私のHPをこうしんしながら、私のHPについてかたります。
まず、メインページには、私のにがおえ（＿＿作）がかざっております。
そして、メニューには、「ふれあい日記」「BBS」「クイズ」「アンケート」「リンク」「日記」「メイン」があります。かんたんな説明をします。
ふれあい日記＝リリィ（リス）とのふれあい日記
BBS＝けいじばん　メイン＝トップページ
クイズ＝色々なクイズ　アンケート＝その名のとおり
リンク＝他の人のHP　日記＝その名のとおり
私のHP見たくなったでしょ？ね？ね？ね？
下のアドレスでぜひきてください☆
HTTP:＿＿＿＿＿＿＿＿/

皆も日記で文章をきたえよう。

二　日記の提出率が悪くなったときの学級への対応

　行事の忙しさに、ついつい日記が後回しになってしまうことがあります。あまり厳しく子どもを問い詰めるのはよくありませんが、常に「なぜ文章を書くのか」原点に立ち戻るようにしています。

　この日は、ある子どもの日記がきっかけでした。


「先生が配るプリント（子どもの作文）を読んだ友だちが『長く書いて何の意味があるの』と言ったので、私も同じ経験を乗り越えたから『高校になって役に立つからだよ』と伝えました。」


といったことが書いてあったのです。

　このように「何の意味があるの？」と感じるのは一人や二人ではないでしょう。

おおよそ次のように対応しました。


　先生は四月に宿題として日記を書くときに「なぜ日記を書くのか」理由を話しました。

　確かこうだったと覚えているかもしれない人は立ちます。

「先生が放課後の僕たちの生活を知りたいからです。」

「作文が上手になるためです。」

「勉強する集中力をつけるためです。」

など、何名か発表してくれました。

一人が発表する度に「そうです！」「それも大切な理由だ。」とコメントしました。


発表した人は、それぞれ理由があって日記を書いている。

それはそれでいい。

問題なのは発表しない人だ。理由もなくただ今まで「書かされて」いたとしたら意味がなかったのです。

大人になったら、住所と名前と電話番号が書ければ、大抵の生活はできる。例えばレンタルビデオ店の会員になるには住所と名前と電話番号が書ければいい。

贈り物を届けるには、相手の住所と電話番号と名前が書ければいい。

それで生きていける。

ただ、あなたたちにはそれだけでなく、
何か美しいものを見たら、言葉にして相手に伝えられるようになってほしいし、映画を見たときに、面白かったという感想ではなく、何がどのように面白かったのか、言葉で相手に詳しく伝えられる人になってほしい。

相手が沈んでいるときに、多くの言葉をかけられる大人になってほしい。

そのためには、毎日毎日の生活を振り返り、自分が考えたこと、頭で考えたことを文章にする習慣が必要になる。

そのために毎日の日記を出しているのです。

国語の作文では、詩を読んだときに、作者のイメージした風景を正確に思い浮かべられるようになってほしい。

そのためには、多くの人が発表し合い、より正しい解釈を探していくためにこうして毎日、教室に集まるのです。

「文章を書いて何の意味があるの」と感じる人に言いたい。

Wさん。あなたはなぜ文章を書くのですか。

「高校になって、手紙など大人のような文章が書けるようになるからです。

大人になって役に立つと信じているからです。」

私が突然、Wさんを当てたのは意味があります。

彼女も「なぜ書くのか」考えたからです。

Wさんは、一つの物語教材で大学ノート二冊に文章を書き綴りました。

（教室の本棚から預かっている二冊を皆に見せました。）

一冊目を終えて二冊目の途中で、

「先生、私文章を書いている意味がわからなくなりました。どうして文章を書くのだろうって」と感じたのです。

私は私の考えを返事に書いた。

そして自分で納得する答えを見つけて、二冊目を書ききった。

「書くのに何の意味がある」と感じる人に言いたい。

まずは、Wさんぐらい書いてから言ってほしい。

そしたら納得する。

野球をやっている人、立ちます。

「野球なんて何の意味があるのと、野球をやっていない人に言われたらどう思う？」


「嫌です。」

「ムカつきます。」

（などと返ってきました。）

「私は野球をやる人はすごいと思う。あの細い木のバットに速いボールを当てるんだ。

ものすごい努力をしているはずだ。」

同様にピアノ、スイミング、そろばんなど聞いていきました。


習いごとも同じ。

それぞれ意味を見つけてずっとトレーニングをしている。

それぞれ好きな習いごとに意味を見つけて習うのだ。

そういうのに「やりもしない人」が、「何の意味があるのか」言うのはおかしい。

学校でやる作文は全員が必ず行う学習だ。

そして生きている限りずっと書く行動は続く。

そもそも、そんなに書かない人は今日の国語の授業を何％の力で受けたのか。


（ある列を指名して発表してもらいます。）

「三〇％」

「一〇％」

（など様ざまです。）


作文が書けないのではない。本気になっていないだけだ。

今日は一〇〇％のうち何％で勉強しているか。

数十％の力しか出していないのに、周りが七〇％の力を出しているのを見て、「自分はダメだ。書けない」と思うのはおかしい。

周りと比べるのではなく、今の自分が何％で勉強しているかで比べるのです。
私はあなたを変えることはできない。
本気の自分だけが自分を変えることができる。
一〇〇％で書いて、それを通過して書く意味を探すなら一緒に考える。
Wさんのように。
人はそれぞれ一〇〇％の力をもっている。
Aの一〇〇％とBの一〇〇％の実力は違う。
人それぞれ一〇〇％の長さは違う。
けれど、毎日の書く努力が七〇％と本気でやらないと、
いずれ、その七〇％があなたの「一〇〇％」の力に成る。
短くなるのだ。
逆に毎日、「あと少しだけ書こう」「この問いにだけ答えよう」と、
自分のもてる力の一〇〇％を超えて一〇五％の力で書き続ければ、
それがあなたの「一〇〇％」になる。
そう、長くなるのです。これが成長するということです。

滅多にありませんが、日記の提出率が悪くなる時期にこのような話をします。
高学年が行動するためには「なぜそうするのか」理由を話すことを常に意識しています。

子どもに配付したプリント

日記を書く理由，努力の方向　一年4組 皆へ

なぜ日記を書くのか。試しに、4月15日に何をしたか思い出してみるとよい。思い出せる人はいないだろう。次に日記ノートを開いてごらん。4月15日の頁には、その日の出来事が綴られているはずだ。そして記憶を思い出すことができるのだ。

このように、日記とは「その日の出来事を記録する」作業でもある。その日、何があったのか。そして何を感じ、何を考えたのか。自分の言葉でノートに刻みつけるのだ。

書きながら考え、書きながら考え、ねばり強く書く。

そうしたことを毎日毎日積み重ねていって知性が磨かれていくのだ。したがって「今日は何もありませんでした。」「今日は、書けませんでした。」と百日間書き綴っても知性は磨かれない。

書くことが苦手な人は、文章を写せばよい。視写と言って大切な大切な文章トレーニングだ。有名な作家だって、やってきた。

最近では　　くんが国語の教科書にある「あめ玉」を視写してきた。丁寧に大切に書かれた文字だ。続ければ、言葉の言い回しが自分のものになる。大学でも1年間、視写を続けたら文章が上達したという報告もある。（視写の教育 ―〈からだ〉に読み書きさせる 東洋館）

　　さんと　　くん、2人は毎日毎日びっしり書いてくる。例として1/27の2人の日記を載せる。2人は4月からこのようにびっしりだったのだろうか。違う。コツコツ努力を積み重ねてきたのだ。

人は、それぞれもっている実力が違う。Aさんの100%とBさんの100%は違う。他人と実力を比べてがっかりする必要はない。

Aさん
100%　105%　105%　100%
今　1日目，2日目，　○日目

Bさん
100%　70%　70%　100%
今　1日目，2日目，　○日目

しかし、昨日の自分より今日の自分が成長していないのは恥ずかしいことだ。朝来た自分より、帰りの自分が成長する、毎日毎日くり返して積み上げていく。そうやって1年間教室で生活していく。

Aさんのように、毎日毎日、ちょっぴり背伸びして努力する。「いつも1回挙手するけど今日は2回挙手しよう。」「いつも感想を3行書いたけど、今日は4行書こう。」など、全力で100%の所を、もう一歩突っ込んで105%やってみるのだ。

毎日毎日、105%で行動すると、いつしかそれが100%になる。辛かったことが当たり前に思える。大変だったことが当たり前になる。これが成長なのだ。「大変」とは、まさに「大きく変わる」ことなのだ。小さな努力を積み上げていくことで人は大きく変わる＝成長なのだ。これに対してBさんは、もともとある100%は、Aさんより高い。しかし、毎日70%程度の力しか出さない。それを毎日毎日続けていくと、いつしかそれがその人の100%になってしまう。全力でやれば10行の感想が書けるのに7行の感想で終わりにしてしまう。それを毎日つづけると、「7行書くのがやっと＝100%」になってしまうのだ。

「自分にできない」「自分には無理だ」と考えている間は、本当はそれをやりたくないと自分の心に決めているのだ。自分で自分の限界を決めてしまっているのだ。

後ろに目を向けると「できない」理由ばかりが見える。

前を向いて期待すれば「できる」可能性が見える。

あなたがやっている習い事も同じ。家の人がせっかくお金を出してくださるのです。前向きにやっていこうよ。

「進んで持てば荷物も軽い。

いやいや持てば手紙も重い。」大好きな諺です。

Ⅲ　どんなテーマで書かせるか―書く力ＵＰのカギ―

一　日記版「原因と結果の法則」―日記のテーマ「原因」で、目指す学級を作り出す「結果」―

毎日の日記を学級づくりに役立てることができます。

男女が仲良くなる学級づくりをするならば、テーマも「男女仲良く」なるためのテーマを日記に出します。

間違いを恐れずに発言する学級づくりをするならば、テーマも「間違いを恐れずに発表する」ためのテーマの日記を出します。

「原因と結果の法則」があります。ある結果が起きたのは、そうなるための原因があったからというものです。

朝顔の種をまけば（原因）、朝顔の花が咲きます（結果）。ひまわりの花は咲きません。

男女が仲良しな学級（結果）を作るならば、そうなる原因を作ります。日記のテーマも、結果を生み出す役割を果たします。

目指す学級像によって多少の違いはありますが、与えるテーマは、次のようなものが考えられます。

一学期

「はじめまして○○先生（担任に自己紹介する日記）」

「マイブームを語る（子どもの趣味を担任が把握するために）」

「○年○組で三日間過ごした感想」

「好きな教科と苦手な教科（理由を書いてもらう）」

「わたしの家族紹介（誰か一人を決めて書く。できればその一人だけを一週間続けるとよい。書くことがなくなるからである。そこから詳しく対象を見ざるを得なくなる。一つの物事を詳しく見るトレーニングになる。）」

「席が隣の人のよいところ」

「班のメンバーのよいところ」

「学級のよいところ」

「学級のここを直すともっとよくなる」

「幸せな瞬間」

「最近、よかったこと」

「苦手だったことができるようになったこと（教科、習いごと、日常生活など）」

「自分の好きな食べ物について語る」

「自分の苦手な食べ物について語る」

「友人○○について語る（具体的に褒める）」

「○年○組で一か月過ごして（二か月過ごして）」

「一学期、自分が成長したこと」
「一学期、クラスが成長したこと」

二学期

「二学期の目標（自分、クラス）」
「好きな季節について語る」
「学校にチャイムは必要か」
「社会科見学に行くならバスと電車どちらがよいか」
「ドラえもんの主人公は誰か」
「修学旅行の部屋割りの話し合いについての感想（学級会での話し合いを経て）」
「社会科見学のバスの席決めの話し合いについての感想（学級会での話し合いを経て）」
「運動会で何を学んだか（行事を経ての自分の成長、クラスの成長を書く）」
「修学旅行で何を学んだか（行事を経ての自分の成長、クラスの成長を書く）」
「二学期、自分が成長したこと」
「二学期、クラスが成長したこと」

三学期

「自分の信念を漢字一文字で」
「今のクラスを漢字一文字で」

「四月と比べて自分が成長したこと」
「四月と比べてクラスが成長したこと」
「四月と比べて明らかに成長した友だち」
「学級解散一か月前」
「次のクラスへ伝えたいメッセージ」
「この一年で自分が大きく変化したこと」
「この一年でクラスが大きく成長したこと」
「さよなら○○先生（担任へのメッセージ）」
「さよなら○年○組」

もちろん、この順番で出すわけではありません。

これ以外にも、そのときどきで取り上げるテーマもあります。

例えば、出張で教室を空けるときに出す「自習日記」です。自習の様子を子どもに報告してもらいます。

また、同じテーマを年間通して出す場合もあります。

「幸せな瞬間」「最近嬉しかったこと」は、一学期と三学期では感じ方が変わってくる子もいます。三学期になると「友だちの成長」「学級の成長」に「幸せ」や「嬉しさ」を感じる子が出てくるのです。

いくつか具体的に紹介します。

1 目標日記

子どもが毎日の生活を振り返るためにもよいです。

「目標」といわれても子どもには抽象的なので、私は「自分の目標」と「学級がどのようになっていてほしいか」の二つを書かせます。

また、目標には「数字」を入れさせるとよいです。「何日までに」「何ページ」「何回」「何分」など、数字が入るとより行動をしやすくなるからです。

目標は「結果」です。具体的に書くことで、達成するための「原因」を作り出すことになります。

2 目標を漢字一文字で日記

三学期の始めや、学級の節目で書く日記です。

「次の学年になるまであと三か月です。今年の自分の信念を表す漢字一文字を書いて、詳しく書きます。」のように伝えます。

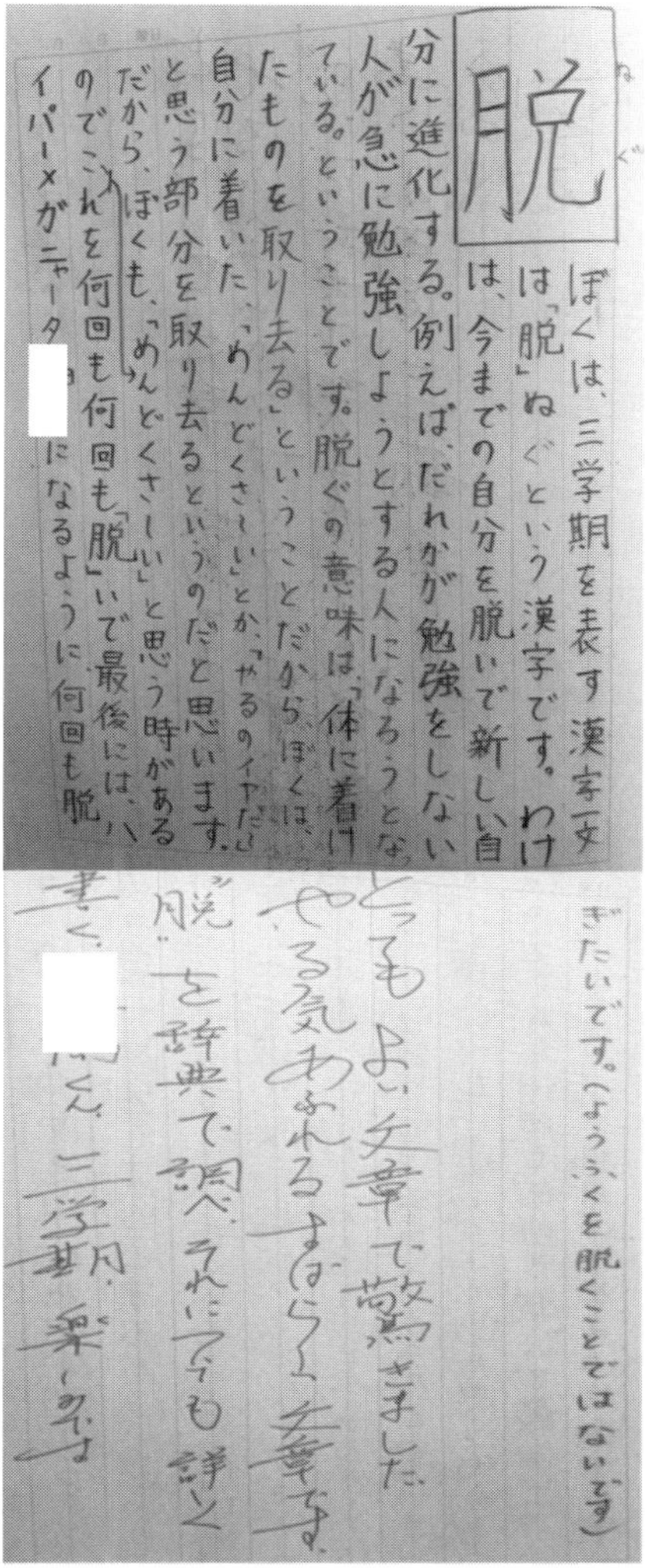

3 自習日記

出張で教室を空けるときによくこのテーマで日記を出しました。

このテーマを出した瞬間、子どもは「教師に見られている」状態になります。

その日の日記によい行動をした人が名前入りで書かれます。

そうすると、集中して自習に取り組むようになります。

さらに教師がいなくても学級のために行動する子どもが増えます。

教師が「自習を静かにやるのですよ」と言うよりも学級のために行動してくれます。

一学期は次のように伝えて出張に向かいました。


「今日は日記に『自習のときに、集中して取り組んでいた人』を書いてください。

その人の名前を書いて、具体的に何をがんばっていたか書いてほしいのです。

先生がいないときの学級が本当の学級の姿です。

だから先生がいなくてもがんばっている人を先生は知りたいのです。

もう一つ日記で知らせてほしいことがあります。

それは、プリントをそろえたり、床のゴミを拾ったりと、学級のために行動する人が何人かいるはずです。

その人のことも詳しく日記に書いて教えてください。

自分のことを後回しにして全体を優先する行動を先生は尊敬します。」


このメッセージの中で「自習はこうあるべきだ」と伝えています。これが理想とする自習の「原因」を作り出すこ

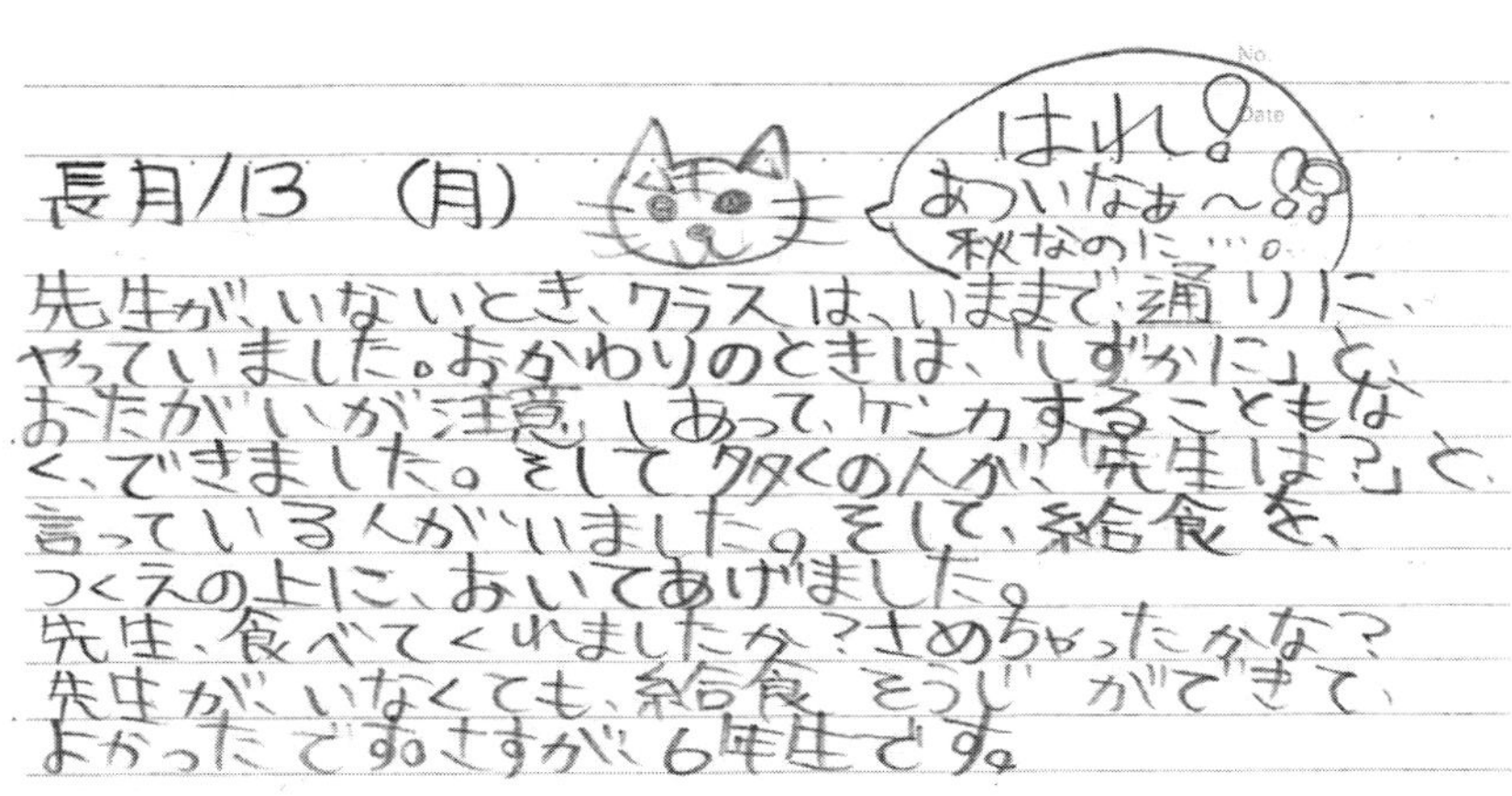
長月/13　(月)

はれ!
あついなぁ～??
秋なのに…。

先生が、いないとき、クラスは、いままで通りに、やっていました。おかわりのときは、「しずかに」と、おたがいが注意しあって、ケンカすることもなく、できました。そして多くの人が、「先生は?」と、言っている人がいました。そして、給食を、つくえの上に、おいてあげました。

先生、食べてくれましたか?さめちゃったかな?

先生が、いなくても、給食、そうじ、ができて、よかったです。さすが、6年生です。


とになります。これで自習はそう崩れなくなります。

　翌日の日記には、よい行動をした人を労う日記が数多く届けられます。

　それをいくつか選んで読み聞かせします。

　そうすると、「自分も次はがんばろう」という雰囲気が学級に生まれます。

　さらに、当番でなくても提出されたプリントをそろえたり、教室を綺麗にしたりする子どもが増えてきます。

　これが原因に対する「結果」となります。

　こうして日記を通じて学級づくりをしていくこともできるのです。

4　ＮＧワード日記

　「楽しかった」「面白かった」「またやりたいです」という言葉が日記に多く見られます。

　そのような言葉を使わないように教えます。

　「楽しい」という言葉を使わずに違う言葉で「楽しい」ことを表現するトレーニングにもなります。

　「がんばりました」という言葉を使わないで、がんばったことを書いてもらうのもよいです。

「今日はサッカーをしました。楽しかったです。」

　これを「楽しい」という言葉を使わないと次のような日記になります。

「サッカーをしました。
○○くんがドリブルするのを、後ろからずっと追いかけました。
ボールをうばってドリブルを始めると後ろから『ハアハア』言いながら追ってきます。ぼくは何だか笑ってしまいました。気が抜けてしまって、ボールを取り返されてしまいました。
○○くんも笑って『何がおかしいんだよ。』とボールを思いっきりけってしまいました。」

教室で話すときは、

「今日の日記のＮＧワードは『楽しい』です。この言葉を使わないで日記を書きます。」


のように「ＮＧワード」という伝え方をすると、

「禁止します」というよりもやわらかい表現になります。

「楽しい」という言葉は抽象的なので、文章も必然的に短くなってしまいます。

日記の内容も抽象的になってしまいます。

逆に「楽しい」という言葉を使わないと、できごとを詳しく書かざるを得ない状態になります。

書く内容を詳しく考えるようになります。

表現力を高めるためにも、ときどきテーマとして取り上げるのもよいです。

5 掃除日記

これも「自習日記」と似ています。

つまり、「掃除を全力でやりましょう」と言わなくても、子どもが自主的に掃除を行うようになります。学年が上がると、掃除分担も教室だけでなく、理科室や音楽室など広範囲にわたって取り組むことになります。

教師も全ての掃除場所を把握することが難しくなります。子どもも教師の目が離れるとおしゃべりしたくなるものです。掃除が疎かになりつつある時期にこのテーマは効果的です。

そして翌日に読み聞かせをするとよいです。子どもの掃除態度が激変します。

6　グルメ日記

「食べる」というテーマは書きやすいです。好きな食べ物を取り上げてもよいですし、苦手な食べ物を取り上げるのも面白いです。

そして、ここがポイントなのですがトマトを取り上げる場合、「トマトは」というより「彼は」や、「あの人は」など擬人化させると楽しく書き進めることができます。

このように子どもが慣れないうちは、日記のテーマを指定すると書きやすくなるようです。友だちの日記を参考にすることができるからです。

「メロンパン」
今月の一二日は天国だ。絶対に食べたい。どれだけ私が待ち望んだ日だろう。
そう、一二日には私の大大大大大好きなメロンパンが給食に出るんです！
メロンパンはこの世界一すばらしき食べ物です。

今の私があるのは親のお陰でもあるが、メロンパンのおかげでもある。

本当だったら、メロンパンなんて気安く呼んではいけない。呼ぶとしたら、メロンパン様～だ！

メロンパン様は、中はフワフワで、口に入れたしゅんかん、甘さが口に広がり、私をとりこにする。

ましょうの女ならぬ、ましょうの食べ物だ。

私はメロンパン様のことを忘れたことがない。（というか忘れられない）私はこれからもメロンパンを食べ続けたい。

そして、メロンパンをきらいな人がいない、すばらしい世界にしたい。

そう、世界中がメロンパン一色になり、私は世界一メロンパンが好きな人になるのだ。

この叶いそうで、叶わない私の願いが現実になるのを私は待ちたい。


昨日は天国のような一日だった。自称大食いにとってはまさに至福の一ときであった。

言うまでもないが大食い＝私である。

　そんな私が天国だと思った場所とは〇〇にある『スイーツパラダイス』略して『スイパラ』である。

『スイパラ』とはスイーツやケーキ、つまり甘い物を中心とした食べ放題のことだ。

甘い物以外にもパスタやサラダなどの軽食も多少ある。

当然、飲み放題付きだ。

　私ははじめてこの『スイパラ』に行った。私は食べ放題のためどのようにせめていくか考えた。

前日には、母に食べ放題のコツを教えてもらい朝から頭にも胃にもスイーツのことでいっぱいだった。

そして七〇分の戦いが始まった。（スイパラには制限時間がある）当日の私の作戦はこうだ。

スイーツパラダイスといえども甘い物を一気に食べてしまうとそれだけで満腹になってしまうため、甘い物と、しょっぱい物を交互に食べるという作戦だ。その作戦通りに進んでいった。

残り十五分ごろ。最後のケーキを取りに行き、そのケーキに苦戦した。残り五分というところでケーキを完食した。

そこで自分のことを大食いだと改めて感じた。食べ物というのは私の身体の八割を占めています。

これからは、少し大食いをひかえていきます。

7　成長日記

学期の終わりごろに書かせるテーマです。

学期のはじめと比べて自分ができるようになったこと、学級が成長したことを書かせます。

特に学級の成長は読み聞かせして共有することで、客観的に学級の成長を実感することができます。

四月と比べて
「クラスなんて、当番があるのは当たり前だ。」

これは、四月の最初に思っていた私の言葉です。

『当番があるのは当たり前。』

いつの間にか、私はこの言葉を信じてしまっていました。

でも、それじゃダメだということも、六年○組になって気づかされました。

「だって当番じゃないから。」

「ねー、早く当番やってよお。」

こんな言葉を、今まで何度も聞いてきました。でも、実際にはぜんぜんちがいました。

『だれかがやってくれる』

『自分は言われていない』

こんな甘い考えじゃ理想の六年生に近づけるわけがないことを、改めて気づかされました。

今までとは変わって六年生は、下の学年の子にいろいろと教えながら、こてきの練習をこなし、勉強もスポーツもできて、下の学年の子たちからしたわれるような六年にならないといけないし、みんなの前で意見を言ったりまとめたりする事が多くなる。

『はずかしい』などと言っているひまなどなくなった。

私が四月から変わったところは、『中身』だと思う。私はみんなの前で一人で校歌を歌った。過去の私にしてみれば、とんでもないことだった。

自分のカラを初めて破った。もう『人前にでたくない』と言っていた自分はいない。みんなといっしょに討論をして、自分の意見をはっきりと言って、人前で校歌を歌える。私は変わりました。

8 この学級で学んだことは？日記

学期の終わりに書かせます。

学級の団結力、友だちとの結びつきを実感してもらうために書かせます。

当時の学級通信を引用します。


「あなたにとって六年○組とは何ですか。」

こう聞かれてキョトンとする教室。

無理もありません。突然、聞かれるのですから。間もなく二学期が終わります。

四月から約九か月を経て、この教室で何を感じたのか聞いてみたかったのです。

しばらく考え込む子どもたち。

「自信のない人から前に出て発表してください。」の声に、静かに教卓へ向かう男子二名。

全員が何かを語りました。

「学級対抗リレーを通して、諦めなければ夢がかなうことを学んだ。」

「世界中で何十億という人の集まり、その中の三十二名がこの教室にいることが奇跡である。

だから友達を大切にしたい。」

「成長は目に見えない。でもきっと皆、成長していると思う。」

「礼儀正しくなった。」

「昔は、やって駄目だったらすぐに諦めていた。でも、今は諦めてはいけないことがわかった。」

「球技大会で団結することの大切さを学んだ。」

「文を多く書くことを学んだ。」

たくさんの熱いメッセージが、児童自身の口から出されました。

三月にもう一度同じ質問をすると言って終えました。

昨日の鏡に映る顔と、今日の鏡に映る顔は変わらない。

でも、四月の顔と今の顔つきは全く違う。

毎日毎日、目には見えないけど、朝来た自分より帰りの自分がほんのちょっぴり大人になって家に帰るのです。

それをずっとずっと繰り返してきたからこそ、四月の顔つきとは違うのです。

このように話してから、「この学級で学んだこと」を日記に書いてくるように勧めました。


昨日の授業の6年○組で学んだのは何ですかというので、まだ言いのこっているのもあったので書きます。

一つ目は、最後まであきらめないこと。

球技大会でも最初どのクラスにも勝てなかったがみんなの負けたくないという強い気持ちで勝てた。

それに運動会のリレーでまだやるのというほどの練習をやりとげてA、Bどちらも優勝することができた。

そしてぼくはマラソン大会十位になったのも絶対十位以内になるとあきらめなかったからとれたのだ。

二つ目は言葉づかいがよくなった事、
一年生から五年生までは、手紙などをもらう時「ありがとうございます」という言葉を使ったことは一度もなかった。

しかし六年○組になって言葉づかいがとてもよくなったと自分でも思います。

三つ目は、堂々と人の前に立って発言したりおもしろい事をやったりしていくうちに周りに人がたくさん集まってきたりした。とてもうれしいことだ。

四つ目は協力することだ。

たぶんぼく一人では、おもしろいことをやったり、サッカーをやってもぜんぜんやる気がでないだろう。

おもしろいことをやる時よくAくんが「○○一発おもしろいの！」とかはげましてくれる。サッカーではBくんやCくん、Dくんたちがいるからとってもたのしいサッカーができるのであろう。

五つ目は思いやりだろう。

竹岡先生のクラスになったら人の心がだんだん理解することができてきた。たとえばじょうだんは、ここまでにしよう、次やったらおこられるなとかいろいろわかるようになってきた。

六つ目はいろいろな知識だ。

教科書にのっていないことや、世の中の事件やいじめなどぼくがわからないことをいっぱい教えてくれて自分の
ものにする知識を教えてくれた。

七つ目は勇気です。

何事も積極的になったり大きな声を出すのには勇気が必要だ。

運動会の応援団長になるのも勇気が必要。

まだまだたくさん学んだことはあります。

明日またこのことを書こうと思います。

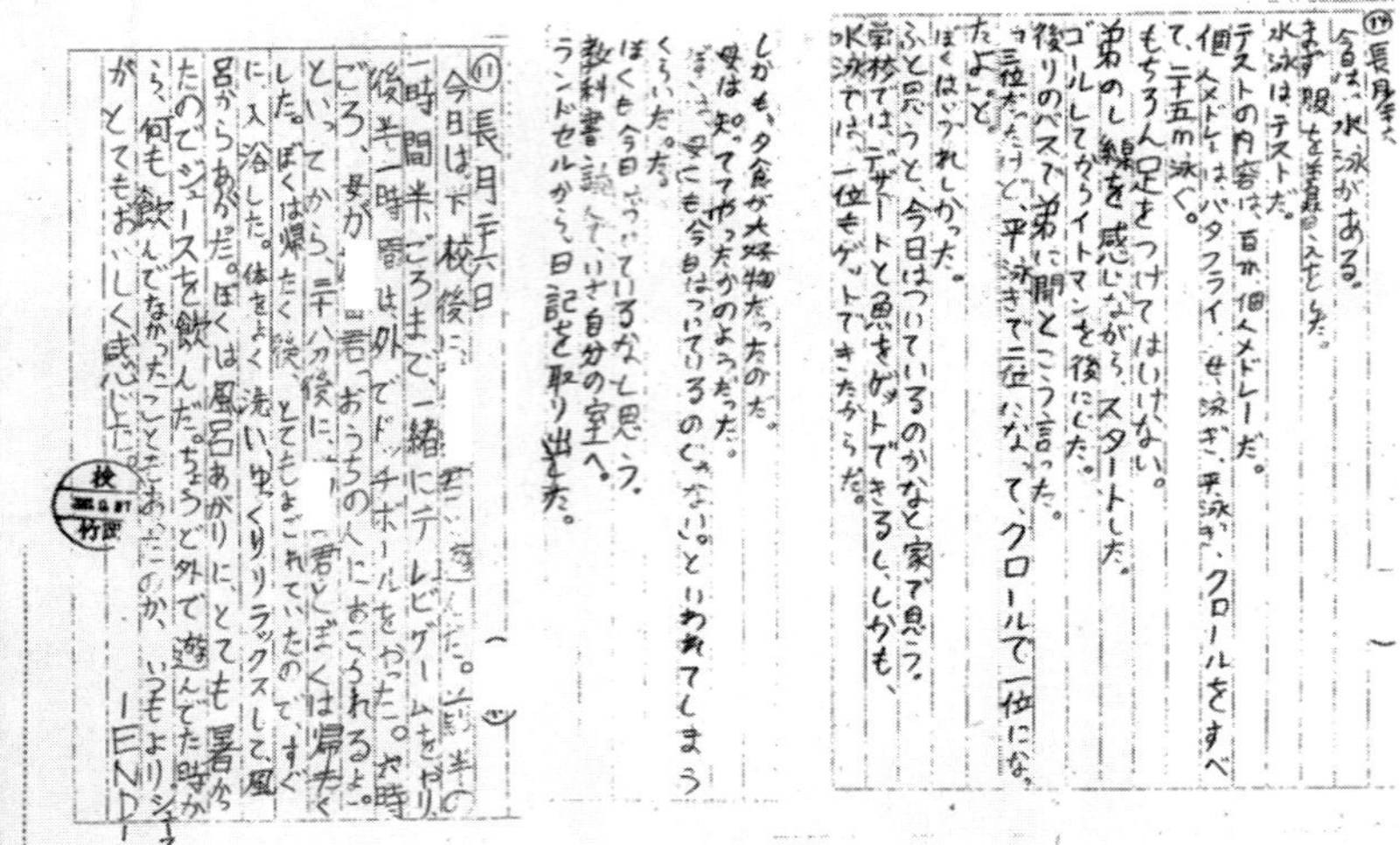
⑭ 長月[illegible]
今日は、水泳がある。

まず眼[illegible]た。

水泳は、テストだ。

テストの内容は、百か個人メドレーだ。

個人メドレーは、バタフライ、せ泳ぎ、平泳ぎ、クロールをすべて、二十五m泳ぐ。

もちろん足をつけてはいけない。

弟のし線を感じながら、スタートした。

ゴールしてからイトマンを後にした。

後りのバスで弟に聞くとこう言った。

「三位だったけど、平泳ぎで三位になって、クロールで一位にな。たよ。」と。

ぼくはうれしかった。

ふと思うと、今日はついているのかなと家で思う。

学校では、デザートと魚をゲットできるし、しかも、水泳では、一位をゲットできたからだ。

しかも、夕食が大好物だったのだ。

母は知ってやったかのようだった。

ぼく[illegible]母にも今日はついているのじゃないの。といわれてしまうくらいだ。

ぼくも今日はついているなと思う。

教科書読んで、いざ自分の室へ。

ランドセルから日記を取り出した。

⑪ 長月二十六日
今日は、下校後に、■君と遊んだ。三時半の
一時間半ごろまで、一緒にテレビゲームをやり、
後半一時間は外でドッチボールをやった。六時
ごろ、母が■君、おうちの人におこられるよ。
といってから、二十八分後に、■君とぼくは帰った
した。ぼくは帰ったく、とてもよごれていたので、すぐ
に入浴した。体をよく洗い、ゆっくりリラックスして、風
呂からあがった。ぼくは風呂あがりに、とても暑か
ったのでジュースを飲んだ。ちょうど外で遊んでた時か
ら、何も飲んでなかったことだったのか、いつもよりジュース
がとてもおいしく感じた。
END

文章道場 .9.27(木) 竹岡正和

日記で"カッコイイ文章"を書くための授業をした。
45分である。当然、この日の日記は、カッコイイ
文章を書いてくるように話した。

力作を紹介する。多くの子を載せたいが、
あくまでも"多の子の参考"である。

『とても楽しかった』と書くのもよいが、

「いつまでも、ボールを投げ続けた。」

「笑い声が部屋中にひびいた。」

「二人でニッコリした。」

と書くとよい。

『お母さん』ではなく、「母」

『顔を洗った。』ではなく、「洗顔した」

こうして言葉に、ちょっとこだわるだけでも
日記の文章は激変する。

⑪ 長月/27 テレビを見て
今日の夜、母と父とテレビを見た。番組は、「ためしてガッテン」だ。今日の「ためしてガッテン」の内容は、暗算ができる用になると言うことだった。私がわくわくして見ていると、父が「インド式計算とかっ。」と母と話し始めた。

テレビを見つづけていると、やっと計算の達人という人が出ていろいろと教えていた。まず、どんぶりかんじょうという計算だ。1どんぶり、2どんぶり、3どんぶりなどと考える。たとえば263+320+210をどんぶりかんじょうで計算すると、263は300に近いので3どんぶり、320は300に近いので3どんぶり、210は200に近いので2どんぶりとする。その3どんぶり、3どんぶり、2どんぶりをたすと、3+3+2=8で約800円。本当のねだんは883円。だいたい100円以内ですむ(計算は)。

他にも、かけ算やいろいろな計算をやっていた。

これから、どんぶりかんじょうを使って買い物をしたい。

※日記は個人的なものなので、載せる時は必ず本人に断っている。

3学期の日記は、大学ノート2頁書くよう、4月から話をしてきた。文章が書けない場合は、教科書の文章を写せばよいとも話してきた。視写といって大切な学習だ。夏目漱石だって通ってきた道だ。ここに載っている人で視写してきた人もいる。

'書く'と決めて意地でも2頁書いてくるのも自分、書かないのも自分。全ては自分で決めていることだ。時間は自分で生み出すもの。やらない理由はいくらでも見つけられる。いつも教室で語っているね。

竹岡正和

〜〜これが!?5−　だ!?!?
&
睦月/8　〜〜今までをふり返る〜〜
&
〜〜みじかい時間を共に歩む〜〜
(あの時、時が止まった…)

「ん?」　ふと、カレンダーを見ると1/8。

春休みがあけたら、向こうの校舎へ行く。

つまり、この5−　でいる時間はあとたった2ヵ月もない。

つい最近、5年生になって、運動会して、パーティーひらいて、赤城行って、先生が教室を去ってしまった気がする。

それは私の勝手な想像なのだろうか。

今日は、再び今までをふり返る。

1学期
・今ではやって当然なことでほめられていた。
・チクチク言葉（バカ、アホ等）や下品な言葉が四六時中耳に入っていた。
・（当時はあたり前だったが）●●当番があった。
・時間のことで何度も先生にしかられた。
・男女の差別が今よりあった。

2学期
・当番が一切無くなった。
・クラスのためにやったこと、で30個近くやった人がいた。
・男女差別が消えていった。
・5−　に笑顔が増えた。
・次々にパーティーをきかくした。
・チクチク言葉がいつの間にか消えていた。
・無言での掃除ができるようになってきた。

3学期　60学期
…空白
3学期いや、小6 0学期の主な出来事。
それはまだ空白。
その空白を今から6といっても、2ヵ月もないが…うめていこうと思う。

「このみじかい時間、私はどのように歩んでいけば良いのだろうか。」

最近、私はそんなようなことを考えてしまう。

でも、やっとその答えを見つけた。

正しくないかもしれない。けれど、この答えが私が精いっぱい考え、探し出したものだ。

その答えとは……

学級全員の名前が書いてあり、

「と、たくさん笑う。」

と締めくくっている。


これが私の歩み方だ。


私は、5年生になって、一度も頭からはなれない思い出がある。

それは、音楽室でのことだった。

気がつくと、竹岡先生がピアノをひいている。

ん?何だろう。　不思議な感覚がする
思ったら、時間が止まっている。　私はそう思えた。動いているのは、私と先生の指だけ。

はっとすると、先生のピアノのえんそうはおわっていた。

あの時は、時が本当に止まっていたのだろうか…

5−　の良いところ20連発〜〜!?!?!?

1. 男女仲良し　2. かしこい
3. 笑顔　4. 優しい
5. おもしろい　6. あいさつ上手
7. 恥ずかしがらない　8. 元気
9. ポジティブ　10. 一生けん命
11. 努力家　12. 掃除が上手
13. 何でもトライする　14. 限界のかべをつくらない
15. くじけない　16. 助け合える
17. イヤなことはイヤと言える　18. 相手のことを思える
19. 礼儀正しい　20. 百人一首が上手

これからも続けていきたい

これでこそ
5−
だ!?

二　山田式読書感想文の指導で、読書日記をつけよう

読書感想文の指導法があります。これは新潟県の山田加代子氏の実践です。おおよそ、次の三つのステップで書くようになっています。

1　本を読んで一番印象に残った場面を書く
2　それと似たような体験を書く
3　1と2を比べて自分の考えを書く

夏休み前に、読書感想文の書き方を指導するとよいです。書き方がわかると、日記に読んだ本の感想を書いてくる子も出てきます。

このあとにあるワークシートを作りました。まず、最初に多くの子が知っている「アリとキリギリス」を例として読書感想文の書き方を教えます。

アリとキリギリスは、アリの立場なら「コツコツと努力した結果、何かを得た体験」、キリギリスの立場なら「目先の楽しさだけを求めて行動し、後になって後悔してしまった体験」がどの子にもあると思うのです。とても感想文を書きやすい題材です。

次に教科書にある作品（六年　森へ　星野道夫）で一斉に書き方を授業しました。

1　感想文の書き方ワークシート

まず、クラスで「アリとキリギリス」の話を知っている人がいたら、お話ししてもらいます。知っている人がいないようなら教師が語り聞かせます。

メモその一「一番心に残った場面」を書く

アリとキリギリスで一番感動したこと、驚いたこと、心に残ったことをメモその一に書きます。わからない人には「例」を写せばよいと伝えます。登場人物のアリの立場なら「努力した場面」、キリギリスなら「何もせずに過ごしてしまった場面」が書かれます。

メモその二「それと似た体験」を書く

メモその一で書いたことと似た体験を書きます。アリに感動した子は、その感動したことと似た自分の体験を書かせます。

「努力をした体験」なら多くの子が書けます。

メモその三　メモその一とその二を読み比べて、考えたことを書く

例えば「努力を多く積めば、それに見合った結果になる」です。アリとキリギリスは、「毎日の積み重ねが大切」ということを伝える物語だと考えれば、多くの子が努力をした経験があるので感想文の練習としては書きやすいです。

作文教室

感想文はこれでバッチリ！読書感想文の書き方

●勉強した日　月　日

組　番　名前（　　　　）

■読書感想文の書き方の勉強をします。

読書感想文が本のあらすじになってはいないかな。読んだすぐ後に心に残ったこと、おどろいたことなどをメモしましょう。

■読書感想文を書くためのメモの短冊を三種類用意します。

【メモ　その一】印象に残った場面本を読んで「こんな所に感動した」とか「こういうことで驚いた」などを書く。

【メモ　その二】生活の中で自分のしたことや感じたことを書く。「メモその一」で書いたことにている自分のしたことを書く。

【メモ　その三】「メモ　その一」と「メモ　その二」の文をくらべて自分の考えたことを書く。

■メモすることは次の三つです。「アリとキリギリス」の読書感想文を書くとしてメモします。例に習って書きましょう。

【メモ　その一】「アリとキリギリス」で「感動した」「驚いた」こと

【メモ　その一】

例　アリは最初は遊ばずに働いて大変そうだったけど、寒い冬になったら助かった。

【メモ　その二】生活の中で「メモその一」で書いたことにている自分の体験

【メモ　その二】

例　野球を習っているが、いつも最初にすぶりばかりやらされて大変だった。でも最近はヒットを打つようになった。

【メモ　その三】「メモ　その一」と「その二」の文をくらべて自分の考えたことを書く。

【メモ　その三】

例　何ごとも上達するためには最初は大変だ。でもその大変なことはきちんと貯金されていて、後になってあふれだすのだ。

三つのメモを書きためてつなげると下のようになる。これを原こう用紙に書いていきます。

原稿用紙二枚なら二百字ていど → 【メモ　その一】はじめ

原稿用紙二枚なら四百字ていど → 【メモ　その二】なか

原稿用紙二枚なら二百字ていど → 【メモ　その三】おわり

アリとキリギリスを読んで

名前

心に残った場面

アリは夏の間、遊ばずに働いて大変そうだった。しかし、夏の努力があったからこそ、冬は幸せに暮らすことができた。これが一番心に残った。

それと似た体験

ぼくは野球をやっている。毎日のバットをふるだけのすぶりが大変でめんどうだ。コーチから毎日五〇〇回するように言われている。ただ、最近になってヒットを打つようになった。これも毎日のすぶりのおかげかもしれない。

考え

何事もうまくなるためには、すぶりのような努力が必要なのだとこの物語を読んで感じた。努力が貯金されるといつかあふれだすことを学んだ。

左のお手本をそっくりそのまま写しましょう。

アリとキリギリスを読んで

アリは、

った。

冬は

心に

ぼくは

ふる

チか

ただ、

た。

い。

何事

な

た。

と

2 六年国語「森へ」で行う山田式読書感想文の指導法

ワークシートで感想文の書き方を練習したら、教科書の作品で一斉指導します。

あらかじめ私が書いた感想文を二種類配付して読み聞かせをしました。感想文のイメージをもってもらうためです。

「**読書感想文の書き方を知らないと思います。知らないとあらすじを書いてしまいますね。今日は誰でも簡単に読書感想文が書ける勉強です。中学、高校とずっと使えます。**」

こうして山田式読書感想文の指導に入ります。

「**読書感想文に書くことは**三つしかありません。」

三つを板書します。左は、原稿用紙一枚に書く場合です。

1 印象に残った場面を書き出す　　原稿用紙四分の一

原稿用紙	２　それと似た経験を書き出す
半分	
原稿用紙	３　１と２を合わせた自分の考えを書く
四分の一	

一つひとつ簡単に説明しながら、原稿用紙に書く分量も教えます。

このように伝えて、一番印象に残った場面を探してもらいます。探した人にはピンクの作文メモ用紙を渡します。

作文メモは三色に分けます。内容を区別するためです。

１　印象に残った場面を書き出す　　ピンク
２　それと似た経験を書き出す　　青
３　１と２を合わせた自分の考えを書く　　黄色

１２３と一つ終わるごとに色の紙を取りに来て書きます。

ここまでで一時間かかります。

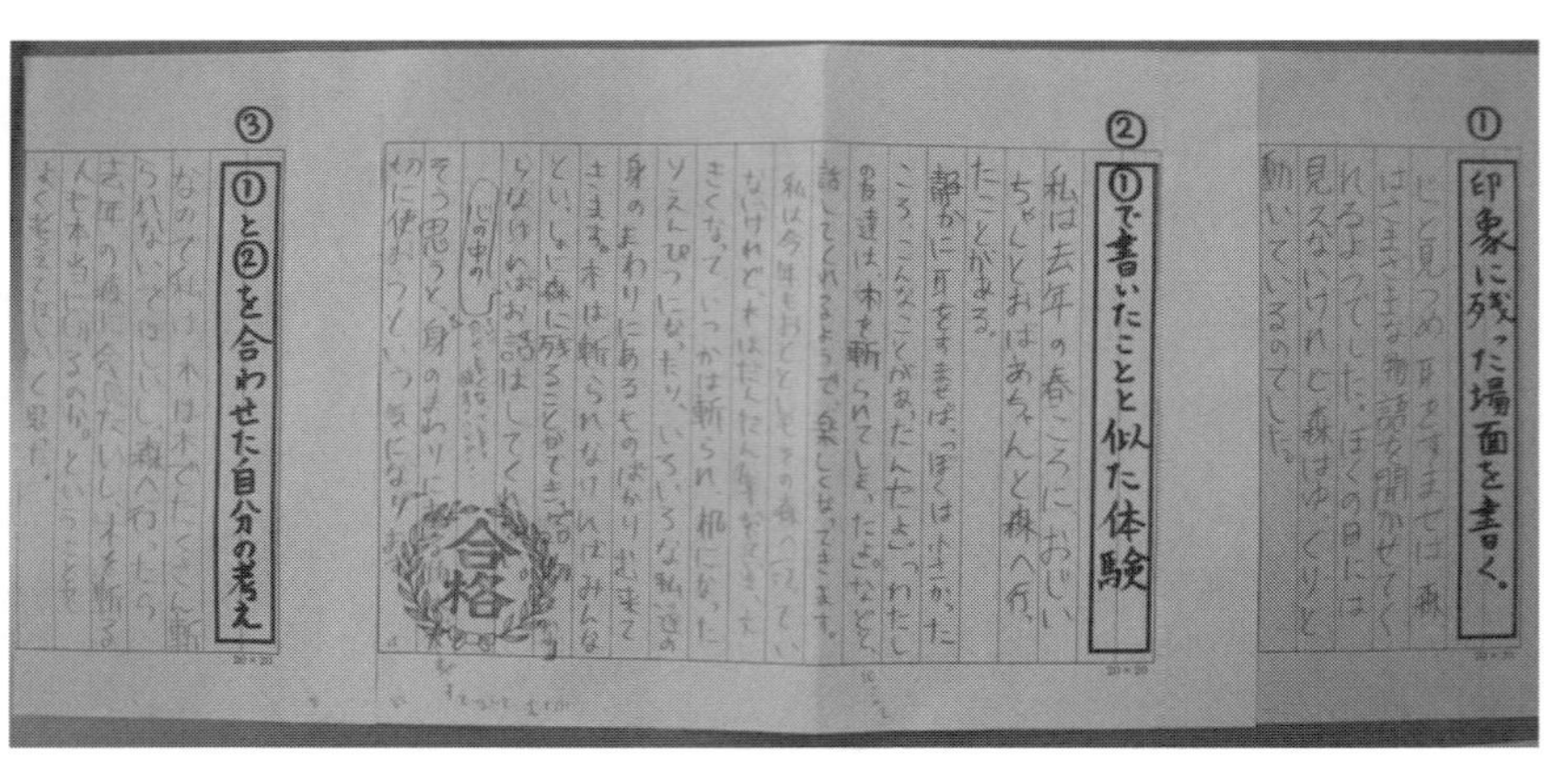

二時間目は原稿用紙に書くことになります。
ポイントをいくつか挙げます。

1自由に相談に来てよいと伝えた。

2色別に三段落構成の作文になることを伝えた。

3とにかく「似た体験を具体的に書く」ように話した。


こうして書かせた読書感想文です。原稿用紙一枚書けたら素晴らしいと伝えます。

例①「昔、一本のトウヒの木が年老いてたおれました。その木は死んでしまいましたが、まだたくさんの栄養をもっていました。長い年月の間に、その幹の上に落ちた幸運なトウヒの種子たちがいました。そこに根を下ろした種子たちは倒木の栄養をもらいながら、さらに気の遠くなるような時間の中で、ゆっくりと大木に生長していったのです。」

　これを読んで、私は生命のつながりを感じました。

私はたまに、親せきの人の家に遊びに行きます。

そこには、なくなったひいおじいちゃんの写真があります。

それを見ると、私は、（私が生まれてくることができたのも、こうした先祖の人がいるからなんだなあ）と思ってしまいます。

そしてもしも、一人でも先祖が欠けていたとすると、私も生まれてこなかったんだと思います。そう考えると、先祖の人に感謝しなくてはならないのだと思いました。

「森へ」に出てくるトウヒの木も先祖がいたから生まれた、つまり私達人間と同じようにつながりを持っているんだと思います。

人間だけでなく、木もつながっているなんてとても不思議です。

私は、「先祖ってどのくらいいるのだろう。」と、ふと考えてしまいます。

きっと、数えきれないぐらいいいて、どんどんさかのぼっていけば、弥生時代など昔の世界に生きていた人もいたんだろうなと思います。

　トウヒの木も、きっと先祖がたくさんいて、生まれた、古い木の「子孫」なんだと思います。

私は、そう思うとそのトウヒの木を、「がんばれー、長生きしてねー。」と応援したくなってしまうのです。

今、この地球にいる生き物たちは、たくさんの先祖がいて生まれてきたのだから、とても貴重なんだと思います。

私達は、先祖がいたから生まれたのです。

だから、私も、「子孫」をつくり、生命のつながりをつなぎたいです。

そして命をいつまでも大事にしたいです。

例②「じっと見つめ、耳をすませば、森はさまざまな物語を聞かせてくれるようでした。

ぼくの目には見えないけれど、森はゆっくりと動いているのでした。」

　私は、去年の春頃位に、おじいちゃんとおばあちゃんと私の三人で、森へ行ったことがあります。

私は森が好きでした。

なぜかというと、森は空気がきれいだし、涼しいし、それに、静かに耳をすませば、「ぼくは、小さいころ、こんなことがあったんだよ。」「私の友達は、斬られてしまったの。悲しかったよ。」などと、心をこめてお話をしてくれるので、嬉しいです。

私は、今年は、その森へ行ってはいないけれど、まだ元気でしょうか。

生長しているのでしょうか…？

でも、私が去年に会った木々達は、年月がかかるにつれ、年老いて、大きくなり、やがていつかは斬られ、教室や家庭の机や椅子になったり、鉛筆や色鉛筆になったり、それに木の種類によっては、箸や床、家なども、その他いろいろな私達の身のまわりにある物ばかりに変わっていきます。

木は斬られなければ、みんなと一緒に森や林で残ることができるし、お話も、たくさんしてくれます。

だけれども、斬られてしまうと、もちろんみんなと一緒に森や林で残ることはできないし、お話もしてくれず、品物になってしまい、自然も消えてしまうので、酸素も作ってくれないのです。

そう思うと、身のまわりにある楽器や家や学校、箸や机などは、「すぐに買いかえないで、大切にし、優しく扱う」という事を、心がけて、使おうという気になります。

　なので私は、木は木で、森や林になるから、これからもあり続けて欲しいと思うので、何本も何十本も斬らないでほしいし、あの去年の森へ行ったら、去年の木々達に会いたいし、たっくさん心の中で楽しいお話を聞かせて欲しいし、星野道夫さんも、森からお話を聞かせてもらって、楽しかったと思ったことでしょう。

なので、木を斬っているのが仕事という人には、「自然であるこの木々たちを、本当に斬ってしまっていいのか。」という私の思いが伝わってくれればいいなあ。

と思いました。


このような作文が書きあがります。苦手な子も、手をとめることなく書いていました。三色の作文メモがよかったのだと思います。この後は、好きな本の感想文を日記に書くこともできます。三色のメモを使わなくても、「印象に残ったところ」「それと似た体験」「学び」の三つの構成で書けばよいのです。

Ⅳ　文章指導段階表で作文力アップの仕組みづくり

一　文章指導段階表

授業の終わりに感想を書かせる場面があります。国語、社会、理科など授業の終わり五分ほど取って書かせます。この数分の時間は実は子どもの文章力を高める「黄金の時間」です。

一日たったの数分ですが、一年間にすると膨大な時間になります。この時間を使って子どもの文章力を高めるのです。

文章力を高めていくには、スモールステップで行うとよいです。

私は「文章指導段階表」を作成して文章力を高める仕組みを作りました。

大まかに次の四段階で文章力を高めていきます。

【第一段階】

感想を書かせる時期

「○○の学習をした。一番心に残ったことは～。」

【第二段階】

感想に理由を付け足す時期

「○○の学習をした。一番心に残ったことは～。なぜなら～だから。」

【第三段階】

感想に友だちの名前を書かせる

「○○の学習をした。一番心に残ったことは～。なぜなら～だから。○くんの意見にびっくりした。～なので楽しかった。」

【第四段階】

友だちの意見について自分の考えを書かせる

「○○の学習をした。一番心に残ったことは～。なぜなら～だから。○くんの意見がびっくりした。でもぼくはその意見に反対である。なぜなら～だから。」

ノートに感想を書く段階から、心に残った友だちの発言を引用する段階、さらに友だちの意見に反論を書く段階へとステップアップしていきます。詳しくは次の頁に「文章指導段階表」を載せました。これは子どもに配るものではなく教師が手元に置いて現在の学級の文章力を把握するものです。

四月の始め、子どもに授業の感想を書かせるための理由を説明します。

これから一年間、授業の終わりに感想を書きます。

四月の目標は三行です。五分で三行書ければよいのです。

来年の三月には全員十行以上楽に書けるようになっています。

そのためには、四月からコツコツと小さな目標をクリアしていかねばなりません。

大丈夫です。先生が全員できるようにします。そのために先生も一所懸命やるから皆も一所懸命やらなければいけません。

中学、高校と皆はずっとずっと文章を書いていきます。小学生はそのための出発点です。

文章指導段階表（国語・社会・理科で書かせる）

	書く内容	文の型	○子どもへの語りかけ　＊指導
第1段階	授業の感想	今日の授業は～であった。 【例】今日の授業は面白かった。 今日の授業は難しかった。	○授業の感想を書きます。ひとことでズバリと書きます。 例えば「今日の授業は難しかった。」というように。正直に書きます。 ＊２行（２文）以上書いた子の感想を取り上げる。なぜ長く書けるのか問うことで、波紋のように広げる。すると子どもは長く書くようになる。
第2段階	感想＋理由	今日の授業は～であった。 なぜなら～であったから。 【例】今日の授業は楽しかった。 なぜなら実験があったからだ。	○授業の感想に理由をつけます。 例えば「楽しかった。実験があったからだ。」や「難しかった。実験の結果が他の班と違ってしまったからだ。」のように授業を振り返って書くのです。
	一番頭を使って考えたこと	一番頭を使って考えたのは～だ。 【例】一番頭を使って考えたのは、ごんぎつねが、いつからいたずらをやめようとしたかを話し合ったことだ。ぼくは、○ページの○行目「本文の引用」からだと考えた。	○授業の中で一番頭を使って考えたことを書きます。今回は３つのことを授業しました。１つめは～、２つめは～、３つめは～でした。その中で一番頭を使って考えたことを書きます。 ＊長く書いた子の感想を取り上げる。なぜ長く書けるのか問うことで、波紋のように広げる。 ＊「面白い」「難しい」などの感想から、学習内容について書かせることで文章をより高度にしていくことができる。
	一番頭を使って考えたこと＋理由・感想	一番頭を使って考えたのは～だ。 ＋理由や感想をつけ加えて長く書かせる 【例】一番頭を使って考えたのは、ごんぎつねが、いつからいたずらをやめようとしたかを話し合ったことだ。ぼくは、○ページの○行目「本文の引用」からだと考えた。 兵十の母のそうしきから、ごんと同じように親がいなくなったからだ。	○授業の中で一番頭を使って考えたことを書きます。その後に、頭を使って考えたことについて、感想をつけ加えられるとよいです。どうして、頭を使って考えたのか理由をかけるとさらによいです。 ＊理由や感想を書けた子に読んでもらう。または教師が読み聞かせをする。 なぜ長く書けたのか理由を教師がコメントすることで学級への例示となる。

	書く内容	文の型	○子どもへの語りかけ　＊指導
第3段階	一番頭を使って考えたこと ＋友だちの名前	一番頭を使って考えたのは～だ。 【例】一番頭を使って考えたのは、ごんぎつねが、いつからいたずらをやめようとしたかを話し合ったことだ。ぼくは、○ページの○行目「本文の引用」からだと考えた。 ○○くんの「引用」という考えが参考になった。	○今日から感想を書くときに、友だちの名前を書くことにします。 だから、授業中に参考になる意見や、自分と考えが違うなあと思った意見はメモしておくのですよ。授業中はアンテナを張って、心に残る友だちの意見を探すのです。それをノートに書くと記録に残ります。
第4段階	一番頭を使って考えたこと ＋友だちの名前 ＋賛成、反対、疑問 1　名前 2　発言内容を短く 3　それについて 賛成○　反対× 疑問？	一番頭を使って考えたのは～だ。 ○○くんは次のように言った。 「引用」 この意見に賛成だ。 「発問」 →「自分の考え」 →「友だちの意見の引用」 →「それに対する自分の意見」 【例】一番頭を使って考えたのは、ごんが、いつからいたずらをやめようとしたかを話し合ったことだ。ぼくは、○ページの○行目「本文の引用」からだと考えた。 ○○くんが次のように言った。 「引用」これについて反対である。 なぜなら～だから。 もし○○くんの意見が正しいなら物語では「　」と書かずに「　」と書くはずだ。	○今日から感想を書くときに、友だちの意見を書いたら、それについて自分はどのように考えたのか書きます。友だちの意見に反対なら、なぜ反対なのか書きます。疑問に思うなら、どこが疑問なのか書きます。こうすることで友だちの意見をよく聞けるようになります。 ○友だちの意見について自分の意見を書くのですから、メモが大切になります。誰が言ったのか、どんなことを言ったのか短くメモします。それについて賛成なら○、反対なら×、もっと聞いてみたいなあと思うのは？と記号をつけると早くメモができますね。 ＊全ての発言をメモさせない。感想を書くときに引用したい意見のみメモさせる。メモは自分だけが読めればよいので雑に書いてもよいことを伝える。あくまで忘れないためのメモである。 ＊反対意見を書くときは、 「もし～が正しいならば『　』と書かずに『　』と書くはずだ。」を使うことを勧める。この書き方ができたノートを取り上げて波紋のように広げる。

二　感想を三行書くことからスタートする

国語　社会　理科など感想を書きやすい授業で書かせます。授業の終わり五分ほどの時間をとります。大切なことは正直に書いてもらうことです。授業がよくわからなかったら「今日の授業はよくわからなかった。」「今日の授業は難しかった。」と正直に書いてもらいます。

最初の段階では常に次の言葉を投げかけます。

四月は三行でいい。四月に三行書ける人は、三月には十行書けます。

こうして小さなステップを踏んでいきます。子どもに「なんとかできそうだ。」と思わせるのです。

しかし、「三行書きます。」と伝えても、作文の苦手な子は何を書いていいのかわかりません。

そこで教師が例示します。例えば六年の社会なら次のように例示します。

「今日は弥生時代の学習をした。」もうこれで一行になります。

「今日は弥生時代の学習をした。」と書くのです。最初に何を勉強したのか短く書けばいいのです。

こうやって記録に残す。テスト前にノートを見直すことができる。とても大切なことです。

ノートに書かせるべきことを何度も言います。耳からの情報を入れるのです。同時に板書もします。教室を歩きながら、子どものノートをのぞき込み、多くの子が書き終えたころで次の例示をします。

次に「一番心に残ったことは」と書きます。

これでもう三行はいきます。

例えば「一番心に残ったことは弥生時代にはもう戦争があったことである。」とか。

そういうことを書けばよいのです。

「一番心に残ったことは弥生時代にはもう戦争があったことである。」「一番心に残ったことは弥生時代にはもう戦争があったことである。」

人によって違います。戦争のことではなくて、

「一番心に残ったことは弥生時代にはすでにお米を作っていたことである。」

「一番心に残ったことは弥生時代には偉い人がいたことである。」

人によって違っていいのです。

「今日は弥生時代の学習をした。一番心に残ったことは」と書いていくのです。

「今日は弥生時代の学習をした。一番心に残ったことは〜である。」

こうすれば全員三行以上書けます。

しばらくすると三行以上書く子が出ます。その子を取り上げて褒めていきます。

この段階は文章の「**質より量**」です。子どもに「たくさん書ける」経験を積ませてあげるのが大切です。

四月はこの繰り返しです。こうして文章の型を教えます。

毎時間、毎時間大切な型を使って書くことで、子どもの頭に書き方のフォーマットができあがります。

やがて「感想を書きます。」のひとことで次のような書き方を子どもがするようになります。

今日は〜の学習をした。

一番心に残ったことは〜である。

慣れてきたら「一番心に残ったこと」を「一番頭を使って考えたこと」に変化させます。

頭を使って考えたことの方が、より学習内容に触れるからです。

四月十三日の子どもの感想（六年社会）

今日は、弥生時代の学習をした。
一番心に残ったのは、お米に関することである。
この弥生時代から、お米を作っていたことに、おどろきました。
でも、野さいや果物なども、作ったのかな?と疑問もでてきました。
この時代から、あらそいがあったことも学習しました。
私は、土地や、さくもつ（米）の事で戦ったのだと思います。

常体と敬体が入り混じった感想ですが、この段階では「たくさん書いた事実」を取り上げて褒めます。そして、お手本となる感想を波紋のように学級に広めます。

次の頁にあるのは子どもに配付したプリントです。

Ｂ４の用紙の左半分が教師のメッセージです。あとは全て、子どものノートを縮小したものを、多く載せるようにしています。（子どものノートは省略）

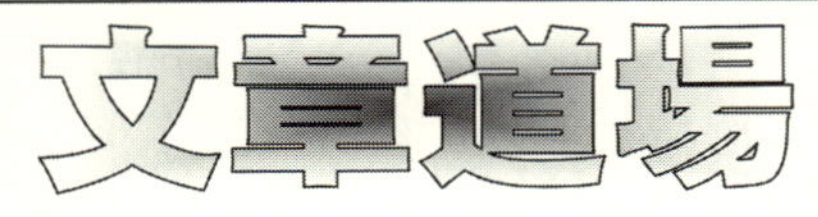

平成22年　卯月20日（火）
6年3組
文章を綴ることが歯を磨くように習慣になることを願って

□文章道場は、作文の実力をつけるために発行する。

ノートのコピーを載せるのが主な目的になる。

できるだけ多くの人の文章を載せたい。

しかし、「文章道場」の目的は、作文の実力をつけるためなので

あくまでも「友達の参考になるノート」が中心となる。

□友達のよい所を、真似してほしい。

習字もお手本をそっくり写す。よい所を写すうちに「書くコツ」がわかるようになる。

□はじめは、とにかく「長く書くこと」である。

質より量である。書くことが、歯を磨くように自然になってほしい。

これが初級編である。

□社会「地球の歴史」の授業の感想である。

8行以上書いたら全て載せると話した。

とにかく「長く書く」ことが第一歩である。

友達の文章をよく読み、どうしたら「長く書けるのか」考えてほしい。

自分の頭で考えることが大切である。

三　感想に友だちの意見の引用とそれに対する自分の考えを書かせる

四月は文章の量を指定する時期にします。文章量をある程度、指定してあげると、子どもの目指すゴールが明確になります。したがって、書く気力が湧いてきます。

「感想を書きます。三行以上書いたらノートを見せてください。」

「感想を書きます。五行以上書いたらノートを見せてください。」等と具体的に数値を指定します。

書き終わった子からノートを持ってきます。教師はそれを読んで丸をつけてあげたり、スタンプを押してあげます。

次は、感想に友だちの名前を書く段階です。

感想に友だちの名前が書かれるということは、授業中に誰がどのような意見を言ったか、「**聞く態勢**」をつくることにもつながります。

具体的に、次のような感想がノートに書かれます。

「**○くんが〜のように言っていたのには賛成です。**」

「**△さんの意見がすごく参考になった。**」

実際に次のように子どもに伝えます。

今日から感想を書くときに友だちの名前を書くことにします。

だから、いいなあと思った意見や反対だなあと思った意見はメモしておくのですよ。

友だちの名前と心に残る意見を探すのです。

ボーッと発表を聞いていてはいけないのですね。


こうしておくと集中して発表を聞くようになります。

さらに、書きなれてきた頃に次の指示を出します。


感想を書きます。

友だちの考えを聞き、それをメモしたでしょう。

友だちに対して反対意見がある人?

そういう場合は、「もし○○ならば、」(板書)というふうに書けるといいね。

例えば「もしAくんの意見が正しいとすると、○○になってしまう。だから正しくない。」とか、

「もし○○が正しいとすると、○○になるはずだ。だからこれはおかしい。」というように書くのです。

これができれば○年生上級です。


授業中に、メモさせるのにもコツがあります。

指導しないと、子どもは友だちの発言を全部ノートに書こうとします。私は次の三つだけメモをさせました。

1　名前(ニックネームでも良い)
2　発言内容(短く　ポイントのみ)

3　それについて　賛成…◯　反対…×　質問、疑問…?

はじめは板書しながら例示してあげます。

慣れてきたらオリジナルなメモをするようにさせるとよいです。

メモだから、丁寧に書く必要はありません。あくまで学習の感想を書かせるための素材にすぎません。

十二月十三日の子どもの感想（社会）

今回は交通事故の学習をした。

一番頭を使ったのは、「時間」だ。

私はあの写真は事故がおきてから三十分くらいたっていると思った。

理由はパトカーや消防の人たちが来ているし、じゅうたいになっていたからだ。

次に頭を使ったのは「レスキュー隊は何を見ていたか」ということだ。

私は死者を見ているのだと思った。他にだれかが車の下を見ていると言っていたけれど私はちがうと思った。

理由は別に車の下を見ても何も分からないと思ったからです。

そして最後に先生が「この車にない物は?」ときいた。

するとだれかが「ライト」などと言っていた。私は分からなかった。すると先生が「屋根がない」と言った。

すると◯◯さんとだれかが「もともと屋根のない車じゃないのですか?」と言った。

しかし、だれかが「雪がふっていたのに屋根なしで走らない」と言った。

するとだれかが「人を助けるために屋根を切ったんじゃないですか?」と言った。

私もそう思った。しかし、中にいた人はどうなったのか気になった。

十二月にもなると、子どもは長く書くようになります。

長く書かせるにはコツがあります。

　第一に、一つのことを詳しく書かせることです。

実際に子どもが書いた感想があります。


御恩がもらえないのはしょうがないと思います。

だって、今までは領地があったから良かったけど、中国（元）からせめてきたからしょうがないと思います。

でも、武士の気持ちも分かるような気もします。

がんばって戦ってきたのに、ごほうびがもらえないのは私も不満を持つと思います。

そう考えると幕府も悪くないし、武士も悪くないという気持ちになります。

あと、幕府と、武士のあのシステムは、適当ではないかと思います。


　これは「武士が戦っても御恩がもらえない」という一つの事実を詳しく書いたものです。

　長く書かせるコツの第二は、友だちの意見とそれについての自分の意見を書かせることです。

例えば、先の「武士が戦っても御恩がもらえない」という事実なら、

御恩がもらえないのはしょうがないと思います。

だって、今までは領地があったから良かったけど、中国（元）からせめてきたからしょうがないと思います。

でも、武士の気持ちも分かるような気もします。

クラスで「元の国の領地を御恩としてあげればよい。」という意見が出ました。

私はこの意見に反対です。

なぜなら、元の国に領地があっても移動が大変で意味がありません。

こうすると、さらに詳しく書くことができます。

四　月ごとの「日記指導」計画

次の頁にあるような「日記指導計画」を作りました。

各月を第一週から三週までわけました。その週で、どのようなテーマで日記を書かせるか例をあげました。「指導内容」には、その日記のテーマで具体的にどのような内容を書かせるとよいか載せてあります。日記を書かせるときの参考にしてください。第四週は予備としてあります。学年によって書く内容は変わってきます。

Ⅲ章にも書きましたが、その月ごとに「どのような学級（結果）」にしたいか明確にするとよいです。求める「結果」に応じて、「日記のテーマ（原因）」も変わってきます。学級づくりの一つとして、日記も大いに活用できると思います。

日記のテーマで「幸せな瞬間」と「最近、よかったこと」は、年間を通じてお勧めです。このテーマを与えると、子どもは「幸せなこと」や「よかったこと」を探すようになります。日記を書くときも嬉しそうに書くはずです。

人は「問いかけられる」と、「答えを探す」ようになります。教室で次のように話すのもよいです。

「みんな、教室にある『赤い』ものを探してごらん。」

こう問われると、子どもは赤いものを探すようになります。

「消火器がある！」

「赤鉛筆の赤！」

「学級ポストも赤だ！」

などのように口々に言うと思います。

「今、先生が『赤いもの探してごらん』と言われるまで、特に意識していなかったでしょう。けれど『赤いもの探して』って言われると、人は探すようになります。それと同じでね、いつも明るいことを考える人は、明るい答えがポンとでてきます。脳は質問されると答えを探します。どうせだったら、いつもよいことを探したいよね。」

このように伝えてから、先ほどの日記のテーマを出すとよいです。

日記指導計画　4月～7月

月	週	主なテーマ	指導内容
4	1 2 3	はじめまして○○先生 マイブームを語る ○年○組で過ごした感想	・担任への自己紹介を書かせる。自分の長所、苦手なこと、よく遊ぶ友だち、放課後の過ごし方など書かせることで子どもの様子を知ることができる。 ・子どもの趣味を知ることができる。趣味を知ることで、どの子をどの場面で活躍させることができるか参考になる。「いつから始めたか」「どれくらい続けているか」「きっかけ」「なぜそれがブームになったか」など書かせるとよい。 ・学級で過ごした感想を書かせる。前年度と比べた感想を書かせるとよい。現在の学級の状態を知ることができる。
5	1 2 3	幸せな瞬間 席が隣の人のよいところ 班のメンバーのよいところ	・GW 明けは新しい学級に慣れたころである。少しダレタ雰囲気になる恐れがある。「最近、幸せだったことを教えて」と促すことで「幸せ」を探すきっかけになる。 ・隣の人、班のメンバーのよいところを書くことで、学級をよい雰囲気にさせる。
6	1 2 3	○年○組のよいところ 苦手だったことができるようになったこと 自分の好きな食べ物について語る	・6月はいじめが起きやすい時期である。ここで「学級のよいところ」を探すことで、よい雰囲気づくりをさせる。このテーマはしばらく続けてもよい。 ・「できるようになったこと」を書くことで自分の成長を見つめることができる。どんな小さなことでもよいので書くことを勧める。読み聞かせすることで、全員で喜びたい。 ・学級の雰囲気に慣れたところで書かせる。給食のメニューに限定してもよい。面白おかしく書かせるとよい。
7	1 2 3	1学期、自分が成長したこと 1学期、学級が成長したこと 最近、よかったこと	・4月と比べて成長したことを書かせる。できれば友だちの成長も書かせる。「この学級だからこそ成長できた」と学級のよさも書くことで全員で喜ぶことができる。 ・当番活動、掃除活動、係活動など、いくつか例示をして書かせるとよい。読み聞かせすることで4月より学級が成長していることを日記で客観的に知らせることができる。 ・1学期は主に「自分がよかったこと」が書かれる。いくつかコピーしてとっておく。2学期以降、「友だちのこと」「学年のこと」など自分のこと以外のことが書かれる。1学期と比較するためにとっておく。

日記指導計画　９月～12月

月	週	主なテーマ	指導内容
9	1	２学期の目標	・「～を頑張る」ではなく、「いつまでに」「何を」「１日どれくらい」というように具体的に数値など入れて書かせる。毎日行うことをイメージできるように書かせる。
	2	運動会の意気込み	・「２学期の目標」と同じで具体的に書かせる。高学年ならば「係」の仕事についても書くことで学校代表の意識をもたせることができる。
	3	運動会で学んだこと	・行事を終えたら、学んだことを書かせる。行事を通して自分が成長したこと、学級が成長したことを学級で共有することができる。さらに次の行事に向けて団結することができる。
10	1	宿泊学習の部屋割りの話し合いについて感想	・社会科見学のバスの座席決め、宿泊学習の部屋割りの話し合いではもめることがある。 「どうしてもめたのか」「どうすればよかったか」「次、このような決め事をするときに気をつけること」を振り返らせる。
	2	社会科見学に行くならバスと電車どちらがよいか	・本書にある「５文作文」を指導した後に、書かせるとよい。
	3	ドラえもんの主人公は誰か	・「５文作文」で意見文の書き方を練習させる。子どもにとって書きやすいテーマを選ぶ。
11	1	学校にチャイムは必要か	・公立高校の入試作文より。学校生活を振り返るきっかけになる。理由を詳しく書かせるとよい。どちらの立場であっても「時間を守る」ことを促すことができる。
	2	宿泊学習を通して学んだこと	・行事をおえる度に書かせる。自分の成長、学級の成長を書くことで４月の学級より団結していることを共有することができる。
	3	最近よかったこと	・１学期のと比較して「友だちのこと」「学級のこと」を話題にした日記を取り上げる。 こうすることで「学級」に目を向けさせるようにする。
12	1	○年○組で過ごしてきた感想	・４月より成長したことが多く書かれる。中には学級の問題点を書く子もいる。全体に取り上げることもあるし３学期の反省材料とすることもできる。
	2	２学期、自分が成長したこと	・苦手なことができるようになったと多くの子が書くようになる。それを全体で喜ぶ。
	3	２学期、学級が成長したこと	・学級の成長を共有する。４月と比較して書くようにするとより成長を実感させることができる。できれば、「○○くんが、最初に行動したことが全体に広まった」のように、波紋のように広げた人の名前を書くことを勧める。

日記指導計画　1月～3月

3学期から「日記の級表」を利用して書かせる場合もある。Ⅶ「日記の評価」を参照。

月	週	主なテーマ	指導内容
1	1	自分の信念を漢字一文字で表す	・京都清水寺に掲示された「今年を漢字一文字で」を参考に、自分の3学期の目標を漢字一文字で表現させる。なぜその漢字を選んだのか具体的に書かせる。
	2	今の学級を漢字一文字で	・今までの学級生活を振り返り、漢字一文字で表現させる。これまでの学級での生活を振り返るよい機会になる。
	3	○年○組がもっとよい学級になるために必要なこと	・学級の長所と短所を振り返るきっかけになる。長所を必ず書かせる。「さらにもっとよい学級にするために」必要なことを1つだけ取り上げて書かせる。さらに必要なことを達成させるために「自分ができること」を書かせると行動をうながすことができる。
2	1	この1年で自分が大きく変化したこと	・4月と比べることで、自分が変化したことを自覚することができる。4月の写真、4月の日記、4月のノートなど見る機会を与えるとよい。また4月の状態を学級で紹介できるとよりはっきりと変化を自覚することができる。
	2	4月と比べて学級が成長したこと	・学級がいかに成長したか自覚させる。1週目と同じように「4月の学級」の映像や写真があるとより比較することができる。
	3	最近、よかったこと	・1学期と比べて、自分のことより友だち、学級全体を取り上げて書くことができているかチェックすることができる。友だちや学級の「よかったこと」を話題にした日記は是非ともとりあげたい。
3	1	学級解散一か月前	・残りの日々をどのように過ごすか振り返ることができる。次の学年になるために、まだまだできる行動を書かせるとよい。
	2	次の学級へ伝えたいこと	・1年間過ごしてきて「先輩から後輩へ」という形で書かせるとよい。「よい学級になる秘訣は」「仲良くなるためには」など、子どもの言葉で書かせるとよい。
	3	さよなら○年○組	・1年間ともに過ごした仲間に向けてのメッセージである。一人ひとりへメッセージを書く子が必ず出るので印刷して配付するとよい。

授業の学びを日記に取り入れる仕組み

授業で文章力を高めるために意識することはやはり、

1　お手本を示す
2　真似するように勧める
3　波紋のように広げる

です。

国語で「**書き方を授業する**」ことが「お手本を示す」ことになります。

最初は「書き方」を知らないので教師がお手本を示します。それを真似するように勧めます。

それを波紋のように広げます。子どもは書き方を覚えて、その書き方を使って日記を書くようになります。

それをお手本として広めていきます。

いくつか「書き方」の授業を紹介します。

一　「詩の書き方」を授業し、日記に書かせる
その一

授業の流れ

1　「相田みつを」「星野富弘」の毛筆で書かれた詩をいくつか紹介する

2　教科書に掲載されている詩を選び、一部（　）にして板書する

3　子どもから、お題を出してもらい、その場で教師が詩を作る

4　子どもがノートに詩を書く

教科書には詩が掲載されています。

私は朝の会で、教科書の詩を音読させてきました。

教科書にある詩を一つ、毎朝一回です。最初は教科書を見ながら音読しますが、やがて暗唱するようになります。

一か月に一つの詩です。年間で十二の詩を暗唱することになります。

暗唱できると、それをパロディーにして詩を書くことができるようになります。

六年の国語には谷川俊太郎の「生きる」があります。

この詩を使って詩の書き方を授業しました。

上が、授業したときの作品です。

1　最初に「相田みつを」「星野富弘」の詩をいくつか選んで提示します。
子どもにイメージをもってもらうためです。

2　次に、教科書の「生きる」を次のように板書します。

（　　　　　　）名前

（　　　　　）ということ

それは（　　　）ということ

（　　　　　）ということ

ふと（　　　　）ということ

谷川俊太郎の「生きる」の詩の構成を板書したのです。

3　ここで、子どもから、何かお題を出してもらいます。「時計」とリクエストがきたので、その場で詩を作り口頭で伝えました。

時計　竹岡　正和

時計ということ
それは三十八名と過ごすということ
永遠ではないということ
ふと隣の人が気になるということ

穴埋め式で簡単に詩ができます。

4　いよいよ子どもが詩を作る番です。いくつか、お題を板書してノートに詩を書かせます。いくつか書いたら一番よい作品を上質紙に清書させます。

筆ペンで書かせると、味わいのある作品になります。

暗唱すると自分の文章のレベルがアップします。
プロの言葉遣いを少し変えるだけで素敵な詩ができあがります。今日の日記に詩を書いてくるといいですね。
今回は谷川俊太郎の「生きる」を扱ったけど、自分の好きな詩を少し変えて書いてもいいね。

このように伝えると、何名かノートに詩を書いてきます。翌日にそれを取り上げて褒めることができます。

六年の詩を例として取り上げましたが、学年に応じて実践できます。

二　「詩の書き方」を授業し、日記に書かせる
その二

もう一つ、詩の書き方があります。

授業の流れ
1　詩の題名に関する言葉を三十くらい集める
2　その中から使いたい言葉をいくつか選ぶ
3　選んだ言葉を使い、教科書や詩集にある詩をパロディーにして詩を書く

1　まず、子どもに詩のお題を伝えます。
「卒業に関する詩を書きます。」
こうしてから「卒業と聞くとどんな言葉を思い浮かべますか。」と聞いて、

子どもにたくさんたくさん板書してもらいます。
「お花」「体育館」「巣立ち」「別れ」「六年間」「晴れ姿」「お祝い」「卒業証書」など、五十くらい板書されます。

2　教師がその中からいくつか選んで即興で詩を作ります。

「卒業だ　卒業だ　〇〇小の卒業だ
　体育館は晴れ姿でいっぱいだけど
　教室には何万の
　涙の思い出が残るだろう」

子どもは、
「あっ、金子みすゞの『大漁』だ。」と言います。
年間を通して暗唱した詩を使って、その場で黒板にある言葉を選んで作るのです。

何もないところから何かを作り出すなんてほとんどあり得ません。
大福とアイスを一緒にした雪見大福。
カメラと電話を一つにしたら便利だなと携帯電話にカメラがついた。
発明というのは知識と知識を組み合わせることです。
詩も同じ。
今まで暗唱したのがたくさんあるから、先生と同じように作ってみればいい。

3　こうして例示してから子どもに書いてもらいます。

子どもの作品です。

卒業
小学校から
卒業が生まれる　晴れ姿が生まれる
ランドセルから
バックになる　中学生が生まれる

卒業
卒業　卒業　卒業　卒業
卒業だ　卒業だ
終わりに　スタート
胸には思い出
新しい制服　そろいのバッグで
わっしょい　わっしょい
もうすぐ卒業だ　君と泣く

卒業である
僕は卒業生である
制服がまだ無い
涙がでるわけはとんと見当がつかない

何でもなつかしいことを思い出したことだけは記憶している

卒業ということ
もう卒業ということ
それはスタート
それは感謝
それは晴れ姿
それは門出
それはゴール
スタートからゴールまでが卒業ということ
そして
かくされた悪を注意深くこばむこと
卒業ということ
もう卒業ということ
涙がでるということ

これもお題を変えれば、どの学年でも実践できます。

三　キャッチコピーで自分の夏休みを表現する

授業の流れ
1　キャッチコピーをいくつか提示する
2　家でキャッチコピーをたくさん集めてくるように勧める
3　集めたキャッチコピーを発表する
4　いくつか選んで、自分の夏休みのテーマをキャッチコピーで表現する

映画、ドラマ、広告などには短い言葉でインパクトを与えるキャッチコピーがあります。

これを少し変えるだけで面白い夏休みのコピーができあがります。

「夏休みのキャッチコピー」を考えさせると、子どもは楽しく書き始めます。キャッチコピーの授業は山口県の河田孝文先生から学びました。

① まず、キャッチコピーを子どもに教えます。

「はやい、うまい、やすい。」

国語ノートに写してから、「何のことでしょうか。」と聞きます。

吉野家の牛丼ですが、意外と子どもは知りませんでした。

「お口の恋人」これは何のことでしょうかと聞くと「ロッテ」とすぐに出ます。

このように、ある言葉を聞くとそれが何なのか簡単に想像できます。

このような**他の物を思い浮かばせる言葉を「キャッチコピー」**ということを伝えました。

子どもに「知っているキャッチコピーはありますか。」と聞くと、いくつか発表してくれます。

② ここで、広告やテレビのコマーシャル、映画にはたくさんキャッチコピーがあるから家で探してノートに書いてくることを勧めます。

③ 翌日、書いてきた子のノートをコピーして配付することで多くのキャッチコピーが集まります。

印刷する時間がない場合には、書いてきた子どもに板書してもらうのも一つの手です。黒板にキャッチコピーがびっしりと書かれた状態になります。

④ いよいよキャッチコピーを作ります。

集めたキャッチコピーからいくつか選んでアレンジします。

自分の夏休みのキャッチコピーを考えてもらいます。

最初に教師がいくつか例示するとよいです。

キャッチコピーはプロの書いたその商品を表す研ぎ澄まされた言葉です。

それをちょっと変えるだけで自分の夏休みのキャッチコピーになるのです。

以下、子どもたちが作ったキャッチコピーです。

○でっかい本を読みあげろ！

○例えアイスの値段が半額になってもアイスを食べてできたしぼうは半額にならない

○土下座して手に入れたイナズマ３。その反動は避けられない宿題

○どこにあるかわからない宿題　忘れていた宿題

○遊びまくろう、ガリガリくんがとけるまで

○でっかいボールをけり上げろ

○けっして避けられない宿題と母の怒り

○でっかいアイスをたいらげろ

○例え暑い夏がこようとも、僕らの夢はとめられない

○愛する夏休みが終わりました…だから僕は学校に行きます

○暑い夏はアイスでのりこえろ

○日本中のプールにかけつける

○でっかい海にとびこみやがれ

○友達のなみだ。その意味は、伝わっているよ

○夏休み最終日　八月三十一日　机の上には宿題が待っていた

○宿題の波がおしよせる

○最後の小学生の夏には海より深い恐怖がある

○夏休みの海を浅くしないで深く渡れ

○毎日見たい友情、絆。目をつぶりたい宿題のなみ
○思い出が生まれる夏
○ねる、ねる、ねる
○見たことのあるプリント　忘れてた家にある宿題…
○遊べ、泳げ、思い切り
○どんなものからにげられてもさけられない母の怒りがある

四 「もしも」作文で書くことの楽しさを実感させる仕組み

この授業は三つのパーツから成り立っています。

1 作文のお題を伝える

「今日のお題は『もしも○○だったら』です。」

←

2 原稿用紙を教卓まで取りに来るように伝える

「机の上が筆箱と辞書だけになったら原稿用紙を取りに来ます。」

↓

3　評定を告げる

「一〇分で一枚書いたらAです。」

この三つだけで、子どもは夢中になって書き始めます。

一つひとつ詳しくお伝えします。

1　作文のお題を伝える

「今日のお題は『もしも〇〇だったら』です。」

子どもが「作文って楽しいんだ。」と、感じる内容が書きやすいです。それが自信につながります。

作文のお題は板書します。

「今日のお題は〇〇です。」と、題名を言ってから板書します。

「もしも宝くじで一億円当たったら」

「もしも○年○組の先生だったら」

「もしも空を飛べたら」

「もしも部屋にドラえもんが来たら」

など、「もしもシリーズ」が書きやすいです。お題は一つだけ板書します。ときどき、黙って板書すると子どもは食い入るように黒板を見つめます。そして題名を書き終えると、「おおお！」「うわあ！」「やったあ」など歓声が上がるようになります。

「もしもシリーズ」の他には、

「目が覚めると蝶になっていた。」

「いたい！」

「あ！」

「机の上に箱が置いてあった。」

など、書き出しの一文を指定して、あとは自由に書いてもらうお題も熱中します。

たとえ書き出しは同じでも、後の展開が子どもによって全く違うので面白いです。


このように作文指導の初期は書きやすいテーマを与えることで、子どもは書くことに慣れていきます。

また、最初は「誤字脱字」「段落」など難しく考えないで、子どもが多くの文章を書く機会を与えます。作文に対する自信がつくようになります。

2 原稿用紙を教卓まで取りに来るように伝える

「机の上が筆箱と辞書だけになったら原稿用紙を取りに来ます。」

作文の授業は、原稿用紙を配る前から始まっています。

この指示を抜かしてしまって、原稿用紙を配り、書き始めると、子どもから次のような質問が出てしまいます。

「先生、『しんせつ』って漢字を教えてください。」とわからない漢字を聞いてきます。

また、机の上が教科書やノートが置いてある状態で作文を書いても、子どもが集中力を失いやすくなってしまいます。こういった状態をあらかじめ防ぐために最初に冒頭の指示を出すのです。

もう一つ、大事なポイントがあります。

それは、教師が原稿用紙を配るのではなく、子どもが教卓まで取りに来る仕組みにすることです。

一枚書き終えて、まだ書き足らない子が次のようにきます。

「先生、二枚目をください。」と。

教室が鉛筆の音だけするようなシーンとした中で、二枚目を取りにくる子は目立ちます。

そこを褒めることができるのです。

「おお、○○さんはもう二枚目に入ったのですか。すごいなあ。」

と褒めてあげることができるのです。

3　評定を告げる

「一〇分で一枚書いたらAです。」


作文を書き始めて、シーンとした状態になったら、このように告げます。

慣れてきたら「五分で一枚」など、ハードルをあげます。

作文を書かせるときは必ず評定を入れます。「一五分で一枚↓A」のように板書もします。

この評定も学年、学期に応じて変わります。

それでも、なかなか書けない子もいます。

そういう子のために、あらかじめ教師が書いた原稿用紙を渡して参考にしてもらうのも一つの手です。

「写していいからね。少し変えたいところは自分の言葉で書けばいいんだよ。

そのうち、自分だけで書けるようになるからね。大丈夫だよ。」と励ましてあげます。

他にも、ある程度書き進めた子の作文をとりあげて読んでもらうのも例示となります。「書けない子」の多くは書き出しで躓いてしまうようです。

評定も最初は、時間で切って「何行書けたか。」と時間内で何行なのか評定することもできます。

慣れてきたら、「会話文が三回以上書けたらA」「会話文が連続三回繋がっていたらA」などすることもできます。

最初はあれもこれもと評定せずに、一つのことだけを評定します。

徐々に「段落」「起承転結」などハードルをあげます。

作文を回収したら、いつもの仕組みでよい作文を広げます。

1　お手本を示す
2　真似するように促す
3　真似したことを紹介して広める

お手本となるような作文を次の国語の時間に読み聞かせします。

お手本となる文章が学級に伝わっていき、全体のレベルが上がっていきます。作文が苦手な子には「あのような文を書けばいいのか」と例示になります。

そして、授業で扱ったことは、その日のうちに日記のテーマにします。

もしも宝くじで一億円当たったら

ある日、僕は宝くじをやった。当たれーといのってやった。

次の日、新聞を見たら、当たっていた。夢かもしれないと何回も見なおしても当せんばんごうが同じだった。僕はやりたいこと、買いたいものが想像で何百、何万とどんどんうかびあがる。ほんとに夢のようだったからだ。家族みんなで、きめて旅行にいくことにした。海の方にした。二はく三日にした。

二はく三日して帰ってきたら、家の中があらされていた。金庫を見たらあけられていて五千万とられていた。がくぜんとした。五千万もとられるなんて、と思った。

しかし次の日気づいた。一億円は銀行にあずけていたことがわかった。ドロボウが持っていったのはただの箱だった。

もしも宝くじで一億円当たったら

お父さんと一緒に、宝くじを買いに行った。全然当たらないので、今度もまた当たらないだろうと思いながら、数字を選んだ。

一週間後、新聞を見てみたら、一億円が当たっていた。

パーティーを開こうと、一億円を持って、スーパーへ行ったら、とつ然ぬすまれた。

犯人は、つかまらず、一億円がパーになった。幸せだった時間は、たったの五時間で終わった。

すると、目ざまし時計が"ジリリリリー"と鳴って目がさめた。夢だった。ショックだった。

夢は、本当になるかな？と思って宝くじを買って、一週間後、新聞を見たらはずれていた。夢と現実が反対になればいいなぁ～と思った。

「今日の日記のテーマは『もしも家にドラえもんが来たら』にします。」

と伝えて、宿題にします。

翌日は、日記の中からお手本となる文章を選んで波紋のように学級に広げていきます。

五　教科書の一文を書き換えてパロディーを作る

「朝の海は、深いきりに包まれ、静まりかえっていました。」を少し変えて

教科書にある一文を変化させてパロディーを作る実践です。

1　教科書の一文を取り上げる（書き出しの一文や最後の一文がよいです）

2　暗唱するぐらい音読する

3　一か所変化させてオリジナルの一文を書く

六年の国語に「森へ　星野道夫」があります。

次の一文を取り上げて作文の授業をします。

「朝の海は、深いきりに包まれ、静まりかえっていました。」

まずは、この一文を暗唱してもらいます。

「プロが書いた美しい文を少し変えて書くだけで作文が上手になります。」

と、伝えてこの一文を書き換えてもらうのです。

「『朝の海は』を『朝の教室は』に変えて、同じように文を作ります。」

少し間をあけて、

「一文、思いついた人？」と聞くと数名が手をあげてくれます。

その数名に発表してもらいます。これが例示となるのです。

それをもとにしてノートに一文書いてもらいます。早くできた子に次々と黒板に書いてもらいます。黒板は子どもたちに開放してあげるとダイナミックになります。

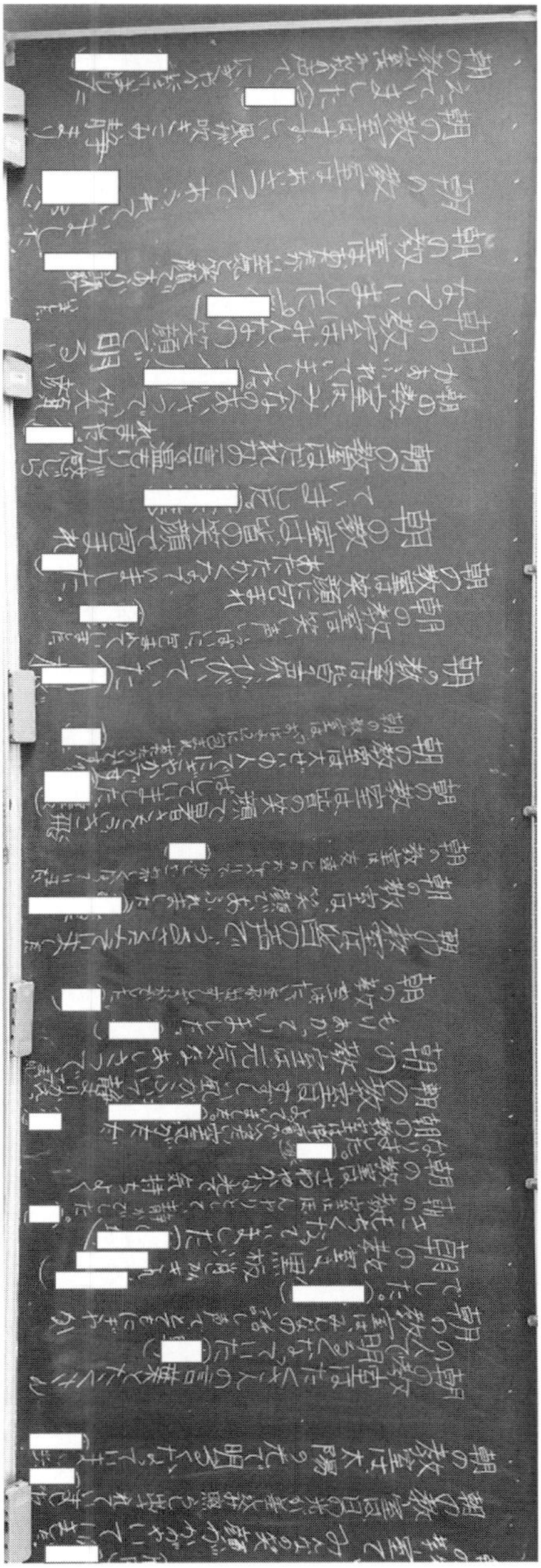

さらに、

「夜中の家は、みんなの寝顔で、静まりかえっていました。聞こえるのはお父さんのいびきだけです。」

「早朝の町は、家の間を通る冷たい風で静まりかえっています。聞こえるのは電車が走る音だけです。」

など、教科書を離れて自分で創作する子も出てきます。

この書き出しで日記を書いてもらうと、どの子の日記の書き出しも見違えるようになります。

そして、よい日記をコピーして学級に広げていくことで、よい書き出しが広がっていきます。

もちろん、「森へ　星野道夫」以外の文章でもよいのです。

どこか一文を取り上げて、書き換えることで、よい文の型が子どもに入っていきます。

六　たった五文の意見文で子どもの作文が見違えるようになる

～「結論＋理由」のミニ意見文を書かせよう～

1　テーマ　りんごとみかん、どちらがおいしいか

子どもに意見文を書いてもらうとき、まずは簡単なお題で書いてもらうとよいです。

「りんごとみかん、どちらがおいしいか」というお題でまずは、意見文を書いてもらいます。

この意見文は全部で五つの文でできています。

1　りんごとみかんでは、りんご（みかん）の方がおいしい。（結論）
2　まず、～からだ。（理由一）
3　さらに、～からだ。（理由二）
4　その上、～からだ。（理由三）
5　よって、りんご（みかん）の方がおいしい。（結論）

実際、どのように授業するかお伝えします。

2　結論を書く

「意見文の書き方を学びます。相手を説得する作文です。
りんごとみかん、どちらがおいしいですかと聞かれたら、どちらと答えますか。」

子どもにどちらか意思決定をしてもらいます。
そして次のように板書します。

板書
りんごとみかんでは、りんご（みかん）の方がおいしい。

子どもはどちらかの立場を決めて、ノートに写します。

3 理由を書く

「相手を説得するには、理由が必要です。りんごがおいしいと考えた人に聞きます。なぜ、りんごの方がおいしいのか理由を言える人？」

このように聞いて、数名に発表してもらいます。

「りんごの方が、シャキシャキしているからです。」

「りんごは、そのままかじることができるからです。」

「赤色が食欲をそそるからです。」

など、発表してくれます。同様に、みかんの方がおいしいと考えている人にも数名発表してもらいます。

そして、言います。

「その理由を一つ書きます。」教師は次のように板書します。

板書

りんごとみかんでは、りんご（みかん）の方がおいしい。

まず、～からだ。

早く書き終えた子、数名にノートに書いたのをそのまま読んでもらいます。

「りんごとみかんでは、りんごの方がおいしい。まず、固くて歯ごたえがあるからだ。」

「りんごとみかんでは、みかんの方がおいしい。まず、つぶつぶした食感がたまらないからだ。」

のように発表してくれます。この発表が、なかなか書き進められない子への例示となります。

「でもさあ、理由は一つだけだと相手を説得するのは難しいよね。
『さらに』に続けてもう一つ理由を付け足します。」

板書
りんごとみかんでは、りんご（みかん）の方がおいしい。
まず、～からだ。
さらに、～からだ。

同様に、早く書けた子数名に発表してもらいます。二つ目の理由が思いつかない子への例示となります。

「もう一つ、理由をつけ加えると説得力が増します。
『その上』に続けてもう一つだけ理由を付け足します。」

板書
りんごとみかんでは、りんご（みかん）の方がおいしい。
まず、～からだ。
さらに、～からだ。
その上、～からだ。

私は本が好きだ。
なぜなら、本のなかで、物語がおもしろい
からだ。小さいころに読んでいたのがみな
物語でなじんでいるからだろう。
それに、読むと頭の中に言葉が入って
頭が良くなるからだ。一学期に先生が
おっしゃっていたことが頭に残り先生の言葉
をしんじている。
また、気にいった本なら二日中し読んでいっ
られるからだ。私も夏休みに二日間ずっ
と本を読み続けたことがある。
さらに、読んでも読んでも世界には
読みきれないほどの本があるからだ。
だから私は本が好きだ。
ちなみに私は今、「ぼくら」シリーズには
まている。
なぜなら、子どものふつうの日常の生活の
物語が書いてあるのがおもしろいからだ。
それに、私達が一度はやってみたいことを
まいかりするからだ。
また、キャラクターの性格がおもしろいからだ。
さらに、たんじゅんにこの物語がおもしろい
からだ。
だから私は「ぼくら」シリーズにはまって
いる。

先生、今日の日記はどうでしょうか？
今日の国語の授業の作文をうまく
書く書き方でやってみた
のですが――。
でも、これだけではやは
りつまらなりでしょうか？

ここでも早く書けた子数名に発表してもらいます。

「最後にもう一度結論を書くと文が引き締まります。」

板書

りんごとみかんでは、りんご（みかん）の方がおいしい。
まず、～からだ。
さらに、～からだ。
その上、～からだ。
よって、りんご（みかん）の方がおいしい。

これだけで意見文が完成します。

この型を使って、様々なお題で書いてもらうことが可能です。

・ドラえもんとのび太はどちらが主人公か
・犬と猫、飼うならどちらが得か
・春夏秋冬、どの季節が楽しいか

など、限りなくあります。こうしたお題で日記に書いてもらうと作文のトレーニングにもなります。

この型を応用すると、子どもの文を書く量が増えていきます。

五年の社会科の水産業の学習で「栽培漁業と養殖漁業では、どちらが優れているか。」という話し合いをしました。話し合いを経て意見文を書いてもらいます。

まとめ

さいばい漁業の方が優れていると考える。なぜか。1つ目は広い海で毎日泳ぐことができ、とても良い環境だと思ったからだ。2つ目は、放流して川にもどった魚をとると養しょく漁業より高く売ることが出来るから。3つ目は、海の中にさまざまな施設をつくるからだ。ある程度は人間も魚を育てているからだ。4つ目は、卵が親になるのは数百万個の卵からわずかの数尾だ。しかし、2cm～3cmまでは、種苗生産をしたあと、放流している。なので少しは、人間が育てているからあまり心配はいらないと思った。5つ目は、電気で動く水車が回わらないと魚はすぐに死んでしまう。これだと人間が育てている意見がないと思う。なのでさいばい漁業の方が優れている。クラスで次のような意見が出た。「もし魚の泳ぎがにぶくなったらすぐにちがう場所に移ることが出来る。」私はこの意見に反対だ。もしかするとその魚が今日は泳ぎすぎて今だけ休んでいたりするかもしれないからだ。もしその魚が病気でなくてもとても温度が熱い時で魚が熱くなって死んでしまうかもしれない。それはどうすることも出来ないと思ったので反対である。そして私が聞きたいのは養しょく漁業での育てている場所の広さはどのぐらいなのか。育ててとても大きくなってきてからだとそれの広さだとせますぎてよけい魚が、死んでしまうと思った。話がもどるが病気になった魚は絶対海にいるのであるのだからその魚のいる場が移っただけで海いる所は同じ所なので移しても意見がないと思う。もう1つ私が聞きたいのは、夜に魚が病気になってしまい、誰も見ていないからそこのままで死んでしまい他の魚も死んでしまうから反対である。夜に誰か見ているのか。

私は高く売れそして環境もよいさいばい漁業に賛成である。

これも型は次のようになっています。

栽培（養殖）漁業の方が優れている。
一つ目は～からだ。
二つ目は～からだ。
三つ目は～からだ。
（理由は書けるまで続く）

以上の理由から栽培（養殖）漁業の方が優れている。

基本の型があるからこそ、そこに反対意見をつけ加えたり、友だちの意見を引用したりして、長く書いていくことができるようになるのです。

七　教師がお手本となる作文を書く

五文の意見文の書き方に慣れてきたら、長く書かせるときもあります。

子どもに与えたお題で教師も作文を書くのです。子どもと同じノートに鉛筆で書きます。

それを印刷して配り、読み聞かせをします。

「このようにすれば長く書けるよ。」

と伝えることで、子どもも長く書くようになります。あとは、子どもの作文を波紋のように広げることで全体のレベルをあげることができます。

実際に私が書いて教室で配った作文です。

月　日

沖縄には様々な文化がある。教科書には「伝統的な行事や言葉、衣食住など」とある。まずは自分で沖縄の文化を集めた。

例えば①エイサー、②沖縄そば、③首里城、④方言、⑤ハイビスカス、⑥ゴーヤチャンプル、⑦とう明な海、などがある。

次に、集めた文化を班で分類した。全部で5つの分類になった。

1つ目は「食べ物」である。例えば、沖縄そば、ゴーヤチャンプルがある。これらは、沖縄のあたたかい気候を生かした作物である。

説明を加えると分かりやすくなる。

2つ目は「　　」である。例えば、（　　）、（　　）…がある。これらは、〜〜。

↓あとはくり返し。

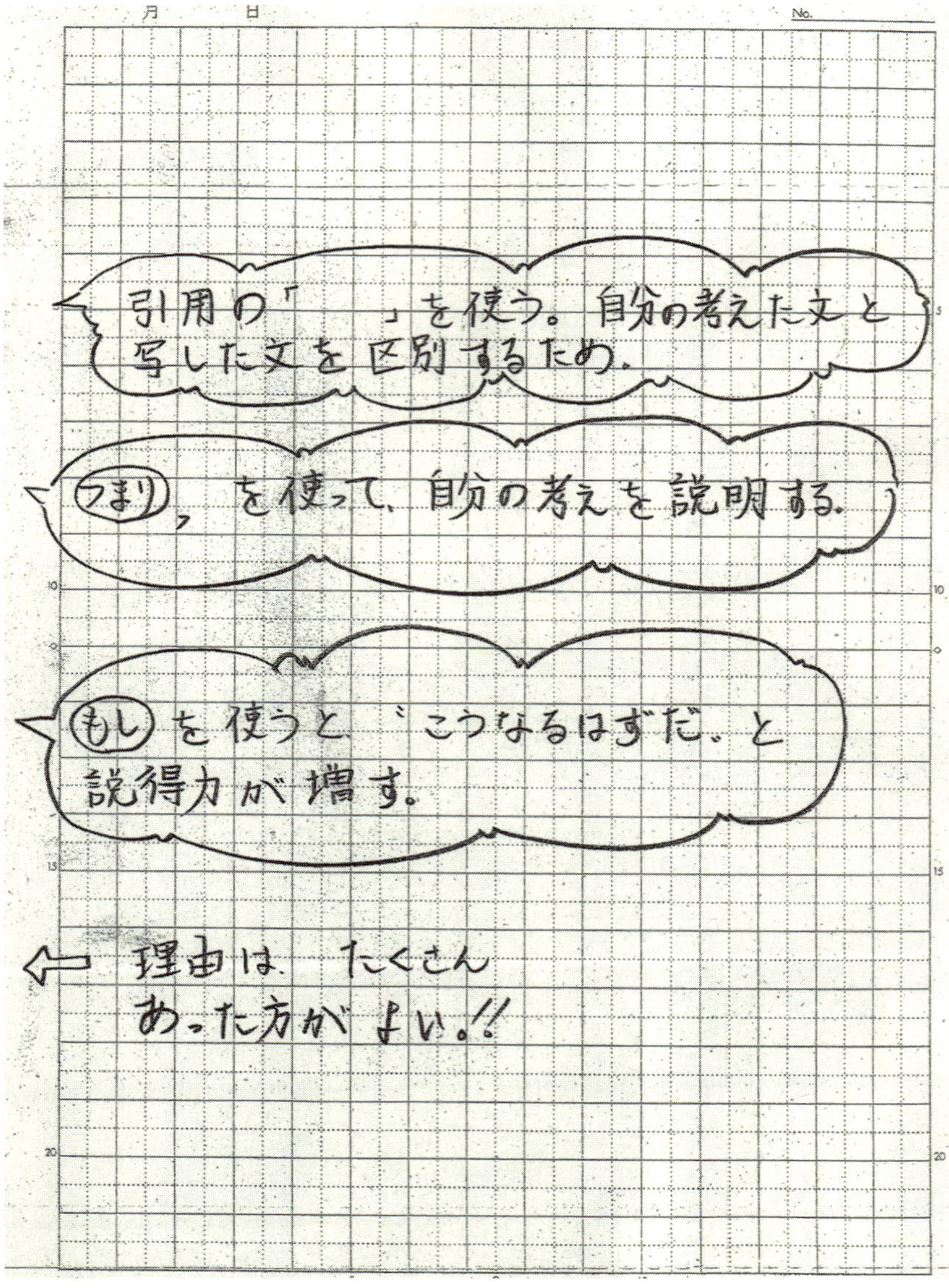
月　日
No.
引用の「　」を使う。自分の考えた文と写した文を区別するため。
つまり、を使って、自分の考えを説明する。
もしを使うと〝こうなるはずだ〟と説得力が増す。
理由はたくさんあった方がよい。!!

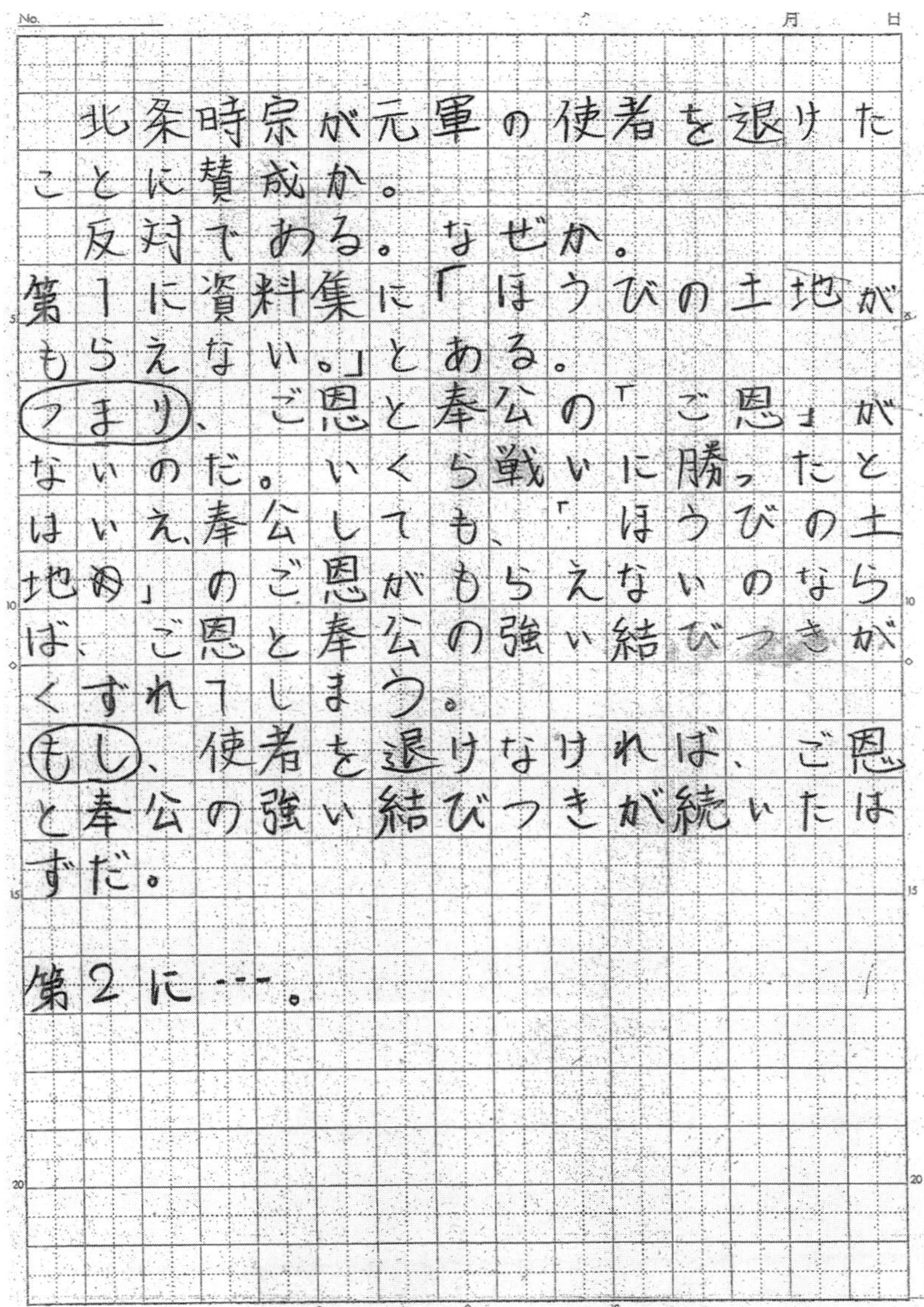

No.　　　月　　日

北条時宗が元軍の使者を退けたことに賛成か。

反対である。なぜか。

第1に資料集に「ほうびの土地がもらえない。」とある。

つまり、ご恩と奉公の「ご恩」がないのだ。いくら戦いに勝ったとはいえ、奉公しても、「ほうびの土地」のご恩がもらえないのならば、ご恩と奉公の強い結びつきがくずれてしまう。

もし、使者を退けなければ、ご恩と奉公の強い結びつきが続いたはずだ。

第2に…。

最初に結論を書く

理由を1つずつ書くとわかりやすい

季節は春である。理由は3つある。

1つ目は、田んぼの様子である。

一面の緑色である。~~夏~~もし夏ならば、稲ができはじめるので、少し黄色がかった感じになるのではないか。

2つ目はP.14～15の「1年間の稲の生長と米づくりの様子」の写真からわかる。P.15の一番左側の~~米~~写真に稲の生長を調べる男性がいる。この写真には黄色い稲が写っている。この写真の矢印を下にたどると6月になっている。6月は季節で言えば初夏であろう。P.8の田んぼは黄色がかっていない。

3つ目は田んぼの色からわかる。よく見ると、緑色の田と黄~~緑~~緑色の田がある。これだけ広い田んぼに稲を植えるのには時間がかかると考えられる。先に田植えをした田んぼと、一番最後に田植えをした田んぼでは

写真の季節はいつか。

竹岡正和

多少、生長に差が見られると考えた。特に春はである。もし夏ならば、ある程度稲の生長もそろって、どこの田んぼも同じ濃さの緑色になっているはずだ。しかし写真はそのようにはなっていない。

以上3つの理由から季節は春だと考える。おそらく5月下旬であろう。春の終わり頃だと考える。

クラスで次のような意見が出された。「もし春なら桜が咲いているはずである。」私はこの意見には反対である。桜は日本の全ての場所にあるとは限らない。たまたまこの写真には桜が写っていないとも考えられる。

友だちの発表を聞いていると書ける

三つの例は社会科ですが、意見文の書き方は国語とほとんど同じです。

一つ書き方の例を示してあげて、

「二つ目からは自分で書いてごらん。」と伝えると、子どもは書き進めることができます。

作文の型を見ながら自分の言葉でノートに書いていくことができるのです。

八　子どもが燃える「評定」の威力！

「作文の長さ」を評定すると、子どもは燃えます。

<評定>

99分いないよ～	46行以上	AAAA	大学生レベル
	39行～45行	AAA◎	高校卒業
	34行～38行	AAA	高校生
	31行～33行	AA◎	中学生
	27行～30行	AA°	6年生 2学期
	24行～26行	AA	6年生
	21行～23行	A◎	5年生 3学期
	18行～20行	A°	5年生 2学期 レベル
	15行～17行	A	5年生 レベル

私は上のような評定をあらかじめ、プリントに書くか板書します。

これだけで、子どもは夢中になって書きます。

長く書くために「一つ目は、」「二つ目は、」と理由を多く見つけるようになります。

「日記の代わりに、続きを書いてきてもいいよ。」

と伝えると必ず家で続きを書く子がでてきます。

翌日、それをびっくりしたように驚いて褒めます。ときには印刷して配ることもします。こうすることで学級に波紋のように広げることができます。

また、この評定はAからスタートします。中には作文が苦手な子もいます。だから、上の写真を見てわかるように、一五行以下の評定は書いていません。ちょっとしたことですが、BやCという評定をあえて入れないことにも配慮があるのです。

翌日の子どものノートです。日記の代わりに作文の続きを書いてきました。

沖縄には様々な文化がある。教科書には「伝統的な行事や言葉、衣食住など」とある。まずは自分で沖縄の文化を集めた。

例えば①ぐしけんさん，②パイナップル，③さとうきび，④宮古島など⑤首里成，⑥方言⑦きれいな海など⑧とても暑い事，⑨ハイビイスカズ，⑩あきろ，などがある。

次に、集めた文化を班で分類した。全部で１９つの分類になった。

１つ目は「沖縄の言葉」である。例えば、はいむるぶし，たっぴらかす，でいきやー，ぐぶりーさびたん，いーやんべー，まぶやー，にしぬちぐすい，じんぶん，あこーくろー，うたいみそーち，はいさい，ちゅふぁーら，くわっちー，てーふあーなど，ほかにも，たくさんある。これらは，沖縄の方言であって，とても，おもしろく，感じる。

２つ目は「島」である。例えば、宮古島，石垣島がある。これら沖縄をささえる島である。

３つ目は「食べ物」である。例えば，さとうきび，パイナップル，新せんな魚，ゴーヤ，海ぶどうなどがある。これらは，沖縄の住民をささえる，食べ物だ。

４つ目は「植物」である。例えば，ふくぎ，ハイビスカス，やしの木などがある。これらは，沖縄しかない植物だ。

５つ目は「沖縄の基本的な事」である。

例えば，とても暑い，台風，水不足などがある。これらは，沖縄ならでは，埼玉でも台風は，来るけれど，沖縄は，だいたい，いつもだから，基本的な事である。

全部で９つの分類にもなった。

１つ目は「食べ物」である。
例えば、さとうきび、パイナップル
ゴーヤチャンプルなどがある。これらは、沖縄のあたたかい気候を生かした作物である。

２つ目は、「歴史」である。
例えば、首里城、アメリカ軍基地、たまゆりのとうなどがある。これらは、沖縄が残したものである。

３つ目は、「自然」である。
例えば、台風、やんばるの森、ハイビスカスなどがある。これらは、沖縄にしかないものである。

４つ目は、「人」である。
例えば、ぐしけん、あむろなどがいる。
これらの人は、沖縄がつくった有名人である。

５つ目は、「生き物」である。
例えは、サンゴ、ヤンバルクイナ、イリオモテヤマネコなどがいる。
これらは、沖縄がつくった生き物である。

６つ目は、「言葉」である。
例えは、なんくるないさー、めんそーれなどがある。
これらは、沖縄だけの方言である。

７つ目は、「行事」である。
例えば、エイサー、さんしん、シーミーがある。
これらは、沖縄どくとくの行事である。

８つ目は、「建て物」である。
例えば、シーサーがある。
これは、沖縄にしかないものだ。

９つ目は、「その他」である。
例えば、シュノーケル、与な国島などがある。これらは、島などが有名だ。

さすが頭がいい。
最後まで習った通りの書き方だ。
お姉ちゃんもすごかったが、あなたもすごい

九　さらに発展させて公立高校の入試問題を日記に取り入れる

もちろん皆は５年生ですから、字数を気にすることなく書いて構いません。ノートに自分の考えを書いてみよう。力つくぞ！！

書き方についてわからなかったら、下を参考にしてね。

私は夏が一番好きだ。
なぜか。
一つ目は～。
二つ目は～。・・・
以上の理由から私は一番夏が好きだ。

私は夏が一番好きだ。

なぜなら～。

さらに～。

そのうえ～。

また、～。

だから私は夏が一番好きだ。

僕は「２・・・文学や歴史などのマンガ本。」の案を選ぶ。
なぜか。
一つ目は～。
二つ目は～。・・・
以上の理由から私は「２・・・文学や歴史などのマンガ本。」の案を選ぶ。

どう？いつも書いている書き方でできるでしょ。

皆はね、自分では知らないかもしれないけど、高校入試にも通じる力を持っているんだよ。

「なあんだ！高校入試もそんなに難しいことはないんだ！」って少しでも感じてもらえたら嬉しいです。


意見文の書き方に慣れたら、公立高校の作文試験に取り組むのも一つの手です。

日記のテーマにもってこいです。

上にあるようなプリントを作って、配付します。

「皆さんは高校の入学試験にある作文問題に挑戦できるだけの力をもっています。

例えば大阪の作文試験は、『春夏秋冬の中で好きな季節について書く』というテーマです。」

こう伝えてから、板書します。

「私は（季節）が一番好きだ。

なぜなら、～。

そのうえ～。

また、～。

だから私は（季節）が一番好きだ。」

何人かに理由を発表してもらうと例示となります。

「書ける人は是非とも日記に書いてごらん。」と伝えます。

高校入試の作文問題に挑戦

入学試験の作文！？おどろく人もいるでしょう。

心配いりません。書き方は、すでに１学期に教えましたよ。

そこでやる気のある人に高校入試の作文問題を出します。チャレンジしたらどうかな。「ええ〜高校入試だって〜！まだ小学生じゃん〜！」という声が聞こえてきそうです。

まずは下の問題を読んでみよう。

どうかな？

今の皆だったら書けそうでしょ。

高校入試だって、これまでの国語で鍛えられた皆だったら書けるんだよ。

２つあるから好きな問題を選んで日記ノートにやってごらん。

もちろん、いつもの日記でもいいんだよ。土日は人それぞれ予定があるからね。

＜大阪府＞

春、夏、秋、冬の四つの季節のうち、あなたが最も好きな季節について、原稿用紙に三百字以内の文章を書きなさい。
＊字数は気にしない。びっしりベタベタと文章でノートいっぱいにする。

＜静岡県＞

学校の図書館の利用を活発にするために、新しいコーナーを設けることになった。そのコーナーに何を入れるかについて委員会で話し合ったところ、次のような案が出された。あなたならどの案を選ぶか。

選んだ案について、あなたの考えを、百字以上、百八十字以内で書きなさい。
＊字数は気にしない。びっしりベタベタと文章でノートいっぱいにする。
１・・・授業に役立つ本や資料。

２・・・文学や歴史などのマンガ本。

３・・・文学作品の朗読テープ。

４・・・ＳＦや推理小説などの本。

翌日、次のような日記が提出されます。


ぼくは夏が一番好きだ。

なぜなら、長い夏休みがあるからだ。

その上、学校に行かなくておもいっきり遊べる。

また、友だちとプールに行くことができる。

だからぼくは、夏が一番好きだ。


結論＋理由のシンプルな日記が提出されます。

また、次のように長く書いてくる子もいます。


私は夏が一番好きだ。

なぜなら、図書館で好きな本を思うぞんぶんに読むことができるのだ。学校にも図書室があるが、めったに行くことができない。行ったとしても一時間だけだ。図書館はクーラーがきいていて気持ちよく長く読書ができる。そんな図書館で（以下略）

一つの理由を長く書くのです。これも読み聞かせすることで学級に「書き方」を広げます。

十　登場人物の性格を考えさせる作文

物語に登場する人物の性格を考えさせるのも面白いです。

登場人物の「会話文」「行動」から、性格を考えさせるのです。

六年国語に「カレーライス　重松　清」があります。

この物語は中心人物のひろしの視点で語られているので、ひろしが言った台詞がありません。

地の文がひろしの心の中なので、この文章を引用して性格を考えさせます。

次の文を提示します。


ぼくは悪くない。

だから、絶対に「ごめんなさい。」は言わない。言うもんか、お父さんなんかに。（カレーライス　重松　清　作）

子どもに説明します。


この文章からひろしの性格を推理します。

例えば名探偵コナンは、現場にある指紋や手紙、品物などから犯人を推理しますよね。

皆は、今読んだ文章からひろしの性格を推理するのです。

登場人物の性格が推理できると、登場人物によって、どうして行動が違うのか、どうして考え方が違うのか今まで以上に理解することができます。物語もより詳しく理解できます。

ここで聞きます。

ひろしは、どのような性格といえますか。

子どもから、「意地っ張り」、「我がまま」等が出されます。

どの言葉からそのような性格だと考えたのですか。

その言葉に線を引きます。

このように問うことで、根拠を探すようになります。

子どもは、「悪くない」「絶対に」「言うもんか」「お父さんなんかに」に線を引きます。

線を引いた言葉から、どうしてそのような性格になるのか、説明できなければなりません。

これが推理にあたります。

「この言葉からこのように考えられる」といえるのが勉強なのです。

ここで少し難易度が上がります。

説明できるということは、すでに解釈する力をもっているのです。なるべく多くの子に発表してもらいます。

これが苦手な子への例示となります。

ここで私が作成したプリントを配付します。家でも物語を読んで登場人物の性格を推理させるのも面白いです。

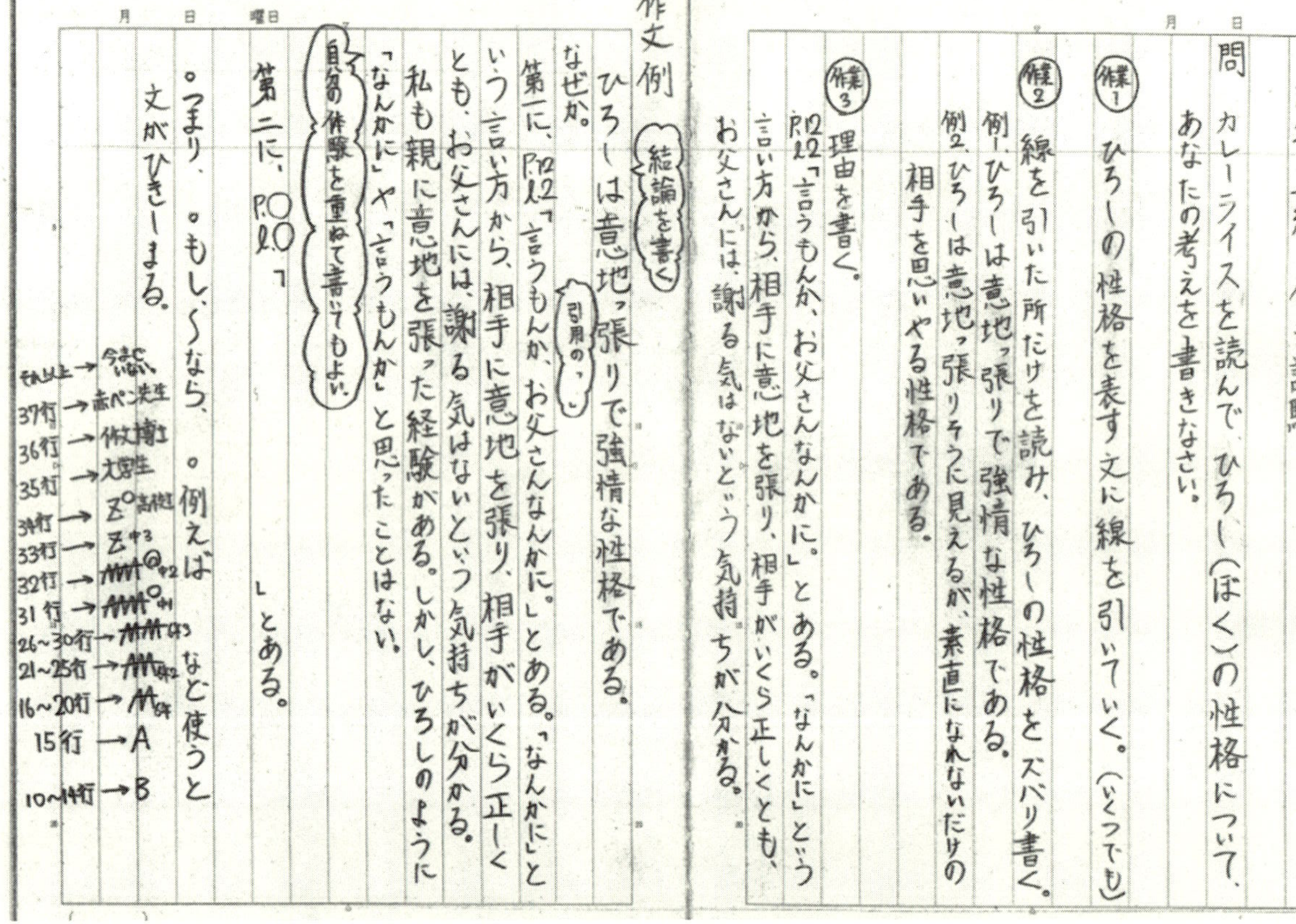

六年三組　作文試験

問　カレーライスを読んで、ひろし（ぼく）の性格について、
あなたの考えを書きなさい。

作業1　ひろしの性格を表す文に線を引いていく。（いくつでも）

作業2　線を引いた所だけを読み、ひろしの性格をズバリ書く。
例1、ひろしは意地っ張りで強情な性格である。
例2、ひろしは意地っ張りそうに見えるが、素直になれないだけの
相手を思いやる性格である。

作業3　理由を書く。
P.12 L2「言うもんか、お父さんなんかに。」とある。「なんかに」という
言い方から、相手に意地を張り、相手がいくら正しくとも、
お父さんには、謝る気はないという気持ちが分かる。

作文例

ひろしは意地っ張りで強情な性格である。（結論を書く）
なぜか。
第一に、P.12 L2「言うもんか、お父さんなんかに。」とある。「なんかに」と（引用の「」）
いう言い方から、相手に意地を張り、相手がいくら正しく
とも、お父さんには、謝る気はないという気持ちが分かる。
私も親に意地を張った経験がある。しかし、ひろしのように
「なんかに」や「言うもんか」と思ったことはない。
（自分の体験を重ねて書いてもよい。）
第二に、P.〇 L.〇「　　」とある。

。つまり、　。もし、〜なら、　。例えば　など使うと
文がひきしまる。

37行→赤ペン先生
36行→作文博士
35行→大学生
15行→A
10〜14行→B

登場人物の性格を推理する作文の書き方を載せてあります。さらに書いた行数を示す評定もあります。これで子どもは燃えます。

ひろしは意地っ張りを演じている本当はやさしい素直になれない性格である。
なぜか。
第一に、P12 l2~l3 分かってる、それくらい。でも、分かっているようなことを言われるのがいちばんいやなんだってことを、お父さんは分かってない。とある。前の文に、「でもな、一日三十分の約束を守らなかったのは、もっと悪いよな。」とある。つまり、ひろしは、本当は、お父さんの言うことが分かっているけれど、意地を張って、お父さんの言うことに否定していることが分かる。もし、ひろしが意地っ張りだけなら、分かってると、お父さんの言うことに、否定しないけれど、ひろしは分かっているとなっとくしているから。

第二に、P17 l3 今さらあやまれなくなったとある。つまり、意地っ張りだったら、もうあやまらないと決めたから、そのようなことは思わないしあやまれなくなったとは、あやまろうとしていたからなので、意地っ張りではない。もし、意地っ張りなら、絶対にあやまらない。という文になると思ったから。
第三に、P17 l2~l3 自分でもこまっている。今までならあっさり「ごめんなさい。」が言えたのに。もっとすなおに話せてたのに。とある。つまり、ひろしは、素直になれない自分にこまっているということになる。今までならあっさり「ごめんなさい。」が言えたのに、素直に言えないのは、意地を張りすぎて、本当のことをお父さんに伝えられないからだ。もし、ひろしが素直なら、あっさり「ごめんなさい。」が言えていたけれど、今は言えないということは、素直ではないということが分かるから。
第四に、P18 l4~l6 かぜ、ひいたんじゃないのー。薬を飲んで早くねたほうがいいんじゃないー。言いたかったけど言えなかった。とある。つまり、本当は、意地を張っているように見えるけど、本当は、お父さんの具合を心配しているとてもやさしい人だから。言いたかったけど、言えなかったのはずっとお父さんに意地を張っていて、本当は素直になりたいけれど、もう言う自信がないから、言えなかった
第五に、P19 l8~l11 それがいつもくやしくて、でも、お父さんがねむい目をこすりながら、ぼくのために目玉焼きを作ってくれたんだと思うとうれしくて、でもやっぱりくやしくて、そうはいってもうれしくて…。とある。つまり、ひろしは、本当は、お父さんが、がんばって作ったことを考えるとうれしいのに、素直にうれしいと思えず、うれしいとくやしいの両方がぶつかり合い、素直に言えないから。もし本当に心からうれしいなら、まよったりはしないしくやしいなんて、絶対に思わないから。

出だしから、他の人の文章とはレベルが違う。"ひろしは本当はお父さんのことわかっている"。そうだ!! ここを自分の言葉で書く　は、やはり知性があるんだよ。昔から中学へ変身する ひろしのことをこれほど論理的に書く六年生はいない。日本中でも数えるくらいしかいない。　はその中の一人だ!!

Ⅵ　討論での学びを日記に書く仕掛けづくり

指名なし討論を取り入れると授業がダイナミックになります。

指名なし討論は向山洋一氏から学び続けています。氏の授業音声には、子どもたちだけで話し合いを進めていく様子が収められています。伸びやかで何でも言い合える雰囲気を感じることができます。

国語の俳句や短歌、詩を扱うときは指名なし討論を取り入れることが多いです。

大まかなステップは次の五つです。

1　教材文の情景を絵にする
2　代表的な絵（意見）をいくつか子どもが板書する
3　教師が一つ意見をとりあげる
4　その一つの意見についてだけ討論する

5　授業の終わり七分ほどをとって意見文を書く

このステップの「5　授業の終わり七分ほどをとって意見文を書く」に、仕掛けがあります。討論を経ての自分の考えを書くのですが、七分では足りません。すぐにチャイムが鳴ります。教室は「ええ、もう終わり？」という状態になります。

そこで、教師の登場です。

「チャイムが鳴ったけど、まだ書けるって人？
すごいなあ。日記の代わりに討論の続きを国語ノートに書いても構いません。
お手本となるノートはコピーして配ります。楽しみだなあ。」

翌日、必ず国語の続きをノートに書いて提出する子がいます。これこそ自主学習だと思います。その中からいくつか選んで印刷して配るのです。こうして、授業の続きを書いてくる子を波紋のように学級に広げることができます。そして、自主的に授業の続きを書くように奨励するのです。日記の内容も、授業での学びが書かれるようになります。

それでは、五つのステップを使った討論の授業を紹介します。

一 「家でもノートに書くようになる」終わり七分の仕掛け

1 涼しさや鐘をはなるるかねの声 与謝蕪村

与謝蕪村の俳句に「涼しさや鐘をはなるるかねの声」があります。

まずは暗唱してしまうくらいまで音読をしてもらいます。

さらに「季語は何ですか。」と問い、「涼しさ」であることを確認します。夏の俳句です。

ステップ1 教材文の情景を絵にする

何度も音読し、季語と季節を確定したら俳句を絵にしてもらいます。

「この俳句を簡単な絵にします。

話者（**語り手**）**が、どこにいるかが大切**ですので話者（語り手）も絵に描きます。」

五分ほど時間をとります。俳句を絵にできるということは、俳句の言葉から情景を思い浮かべることができているということです。ただ、**その絵が俳句の言葉から妥当なのかどうか**を討論で検討していくのです。

そのために、まずは自分が俳句からどのような情景を思い浮かべたのか絵にするのが必要です。

なかなか絵にできない子もいると思います。

「**なかなか絵にするのが難しい人は、近くの人にノートを見せてもらっていいですよ。**

自分が書いた絵と友だちの絵を比べたい人もいるでしょう。その人も見せてもらっていいですよ。」

と、途中で伝えてあげると安心して描き進めることができます。

ステップ２　代表的な絵（意見）をいくつか子どもが板書する

子どもがノートに絵を描いている間に、教師は黒板をチョークで八等分にしておきます。様々な絵（意見）が出るはずです。教師が三〇数名の絵から代表的な意見を取り上げるのは大変です。そこで次のようにして代表的な意見を板書してもらいます。

「班のメンバーと自分の絵を見せっこします。次に号車のメンバーと絵を見せっこします。他の人と自分の絵は違うというのがあったら黒板に描いてください。同じような絵が何人かいるでしょう。その時は代表で一人描けばよいです。」

こうすると、子どもたちは席を立ってワイワイガヤガヤとノートを見せ合います。ノートを見せ合いながら、どのような絵なのか、俳句の情景を説明し合っているのです。

「話者は鐘の近くにいるよ。」

「いや、家の中で遠くの鐘を聞いているんだよ。だから話者は鐘の近くにいないよ。」

など、ミニ討論が生まれるグループもあります。

このようにグループで絵を見せ合う活動を通して、実は俳句の情景の検討が始まっています。絵を見せっこしていると、早いグループが黒板の前に出て、絵を板書し始めます。

六つほど絵が板書された時点（あと、二名が黒板に絵を描いている時点）で、板書した子ども一人ひとりに絵を説明してもらいます。

「それでは、絵を説明してもらいます。

黒板左の〇〇さんの絵からどのような絵なのか説明してもらいます。」

以下、板書された絵のテープ起こしです。

次に発表する人も前に出てきてもらうと、時間短縮になります。

このように伝えます。

次に発表する人も前に出てしゃがんで待ちます。」

「私は、話者は鐘の遠くにいて、それで鐘の音が遠くで鳴って、そのときに涼しい風が通って、話者が涼しいなって思っている絵を描きました。」

「僕は話者が涼しさを感じられるような広い土地にいて、そして誰かが鐘を鳴らして、音が離れていることが、鐘をはなるるってことだと考えました。」

「話者が鐘を鳴らして、その、鐘の音が、こっちの鐘から離れるってことです。」

「えっと、誰かが鐘を鳴らしていて、話者が遠くでゴーンって音が聞こえて、話者が気づいて夏の涼しさがあるのかなと思いました。」

「えっと、僕はお墓にある鐘を想像して、なんか、夜にお化けみたいなのが出てきて、鐘を鳴らしているところを目撃した話者が写真を撮ろうとしてスマホをやろうとしたら（クラス笑い声の後に）、」

「与謝蕪村って江戸時代の人だからスマホないじゃない。」

「いやっ、で、カレンダーを見て秋だと感じて、」

「カレンダーもないし。」

「私はみんなの意見と違って、この、ひらがなの鐘に注目して、この鐘は神社のコロンコロンって鳴らすやつあるじゃないですか。それの鐘だと思って、涼しさや鐘をはなるるって意味がわからなかったんですけど、私たちは鐘をはなるるってのは違うと思って、風が吹いて、神社の鐘がコロンコロンって鳴って、こういう大きな鐘とは違う声が聞こえたんだと思いました。」

ステップ3　教師が一つ意見を取り上げる

板書された絵の説明が終わったら、どれか一つだけ絵を取り上げて、討論します。

私は、教材研究の段階で次のことを取り上げようとあらかじめ考えていました。

①　**話者は鐘の近くにいるのか。遠く離れたところにいるのか。**
②　**話者は鐘を見ているのか。見ていないのか。**
③　**「鐘」と「かね」は同じものか。違うものか。**
④　**「かねの声」を「かねの音」に変えたらどうなるか。**

このようにあらかじめ教師が発問を用意しておきます。

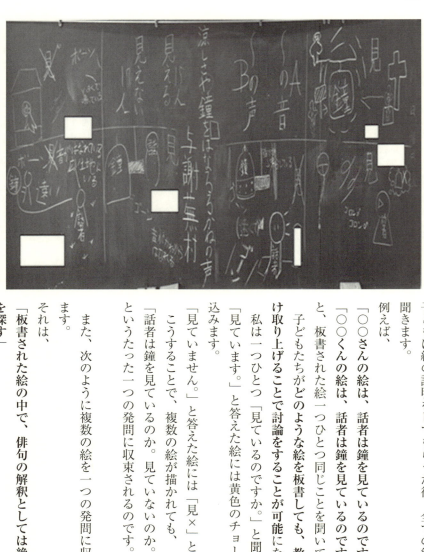

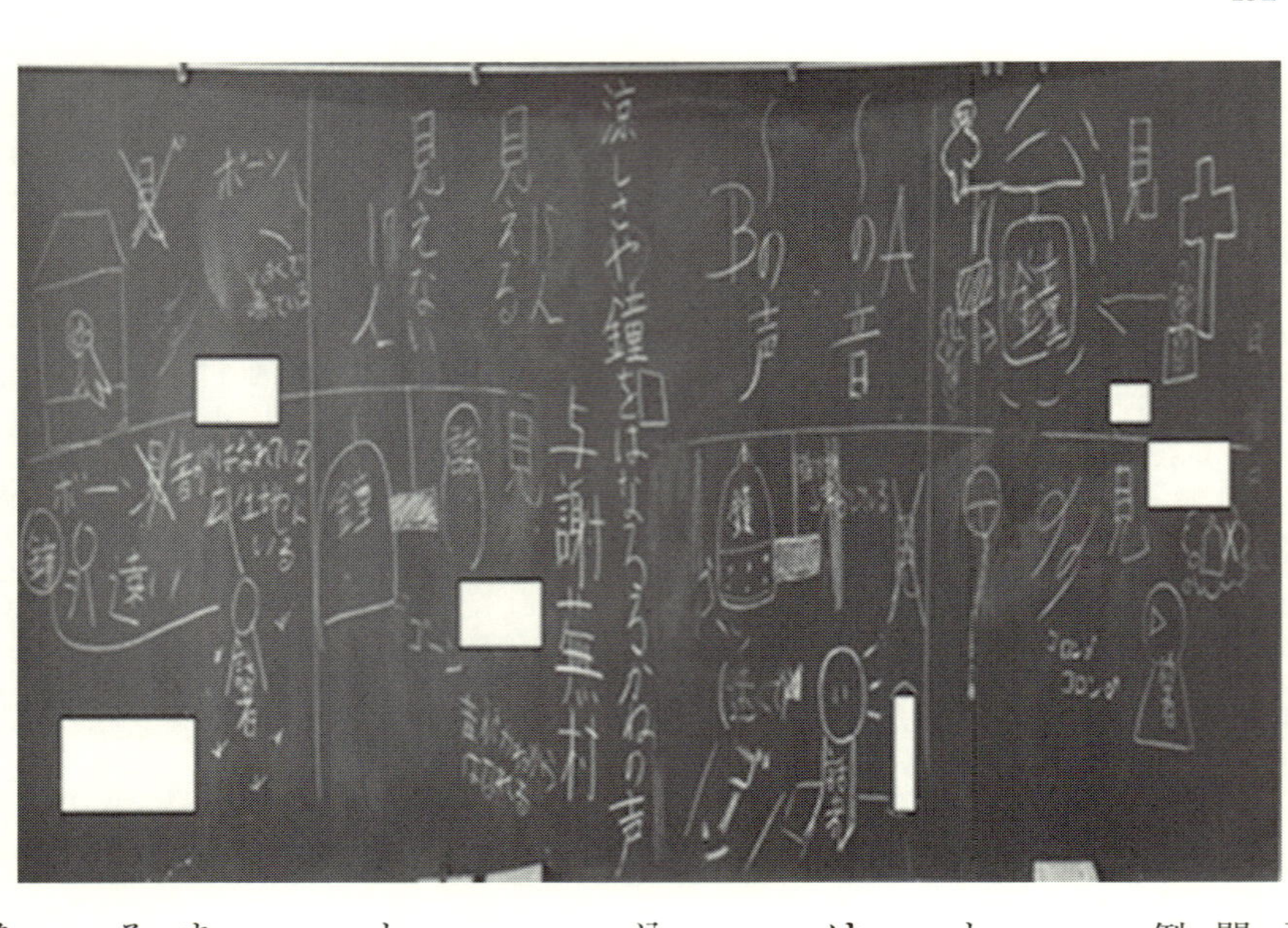

子どもに絵の説明をしてもらった後、全ての絵に対して一つだけ聞きます。

例えば、

「○○さんの絵は、話者は鐘を見ているのですか。」「はい。」

「○○くんの絵は、話者は鐘を見ているのですか。」「いいえ。」

と、板書された絵一つひとつ同じことを聞いていきます。

子どもたちが**どのような絵を板書しても、教師がたった一つだけ取り上げることで討論をすることが可能**になります。

私は一つひとつ「見ているのですか。」と聞きながら、

「見ています。」と答えた絵には黄色のチョークで「見」と書き込みます。

「見ていません。」と答えた絵には「見×」と書き込みます。

こうすることで、複数の絵が描かれても、

「話者は鐘を見ているのか。見ていないのか。」

というたった一つの発問に収束されるのです。

また、次のように複数の絵を一つの発問に収束する方法もあります。

それは、

「板書された絵の中で、俳句の解釈としては絶対にあり得ない絵を探す」

ことです。

私は次のように聞きます。

「この俳句から、この絵はあり得る。この絵もあり得る。この絵もあり得る。でも、この絵は俳句の解釈としてあり得ないだろうと分類するのが国語です。それでは、一つひとつ絵を見ます。

〇〇くんが書いた絵は、俳句としてあり得ると考える人、手をあげます。いや、あり得ないと考える人、手をあげます。」


と、一つひとつ子どもに手をあげてもらい、意思表明をしてもらうのです。

全て聞き終えたら、教師が一つの絵を取り上げて
「この絵は俳句の解釈としてあり得るのか、あり得ないのか、討論します。」

と討論にもち込むことができます。

子どもが複数の絵を描いても、こちらで発問することで一つの話題に収束することができるのです。

ステップ4　その一つの意見についてだけ討論する

いよいよ討論に移ります。

子どもの板書から一つだけ発問します。

「話者は鐘を見ているのですか。見ていないのですか。後で意見が変わっても構いませんから、今の段階でどちらか手をあげます。」

と人数分布を確認します。

いきなり全体で討論する前に次のステップを入れると子どもが発言しやすい雰囲気を作ることができます。

1　隣の人と相談する
2　五人の人に自分の考えを発表する
3　全体で討論する

まずは二人組から人数を増やしていく流れになります。

2の段階では、

「**これから立って五人に自分の考えを伝えます。そして五人の考えを聞きます。どちらかに決めるのが難しい人は五人の人から考えを聞いてください。そして一番納得できる人の意見を真似すればいいのですよ。**」

と伝えてあげると、まだ意見をもたない子も安心して五人の友達に聞きに行くことができます。

ここまでやってから、指名なし発表で話し合うことができます。

以下は、指名なし発表の冒頭部分のテープ起こしです。


「見えていると思います。鐘をはなるるかねの声だから、鐘自身から鐘の鳴った音が離れていくっていうふうに思ったから、遠くにいたら、あまり離れるって感じられなくて、ここにいるから、鐘自身から離れるって感じられるから見える場所にいると思います。」

「私も見えるです。もし見えていなかったら、鐘が見えないので鐘と特定できないし、鐘の音が離れるっていうのもわからないから、見えると思います。」

「その意見に反対です。私は見えないなんですけど、今の意見だと、ゴーンって音が聞こえても鐘じゃないって言っているようなんですけど、例えば、誰かが誰かを呼んでいたときに声って一人ひとり独特なので、誰の声かわかるじゃないですか。それと一緒で、鐘の音だって、声だけでわかるんじゃないですか。」

「○○さんの意見に付け足しです。鐘をってことは、おこなった場所だから、鐘からその音が離れていくってことだから、近かったら、離れるっていうより聞こえるだけだから、離れるとも書かないし、涼しさやって辞書で調べたら、『空気が清い　澄んでいる』って書いてあって、もし普通に聞こえるんだったら、そんなことは書かないで他にもっと違うことを書くと思ったので違うと思います。見えないと思います。」

「私はさっきの○○さんの意見に反対で、声は人それぞれ違うけど、鐘は同じような音がある場合もあるし、声はひとそれぞれ違うから、自分の知っている人と頭で理解できると思います。」

「その意見に反対で、（以下続く）」

こうして白熱した討論が続きます。

ステップ5　授業の終わり七分ほどをとって意見文を書く

授業の終わり七分ほどになったら話し合いを打ち切ります。

「話し合いを経て、意見が変わった人もいると思います。
最後に聞きます。
話者に鐘が見えていると考える人、手をあげます。
見えていないと考える人、手をあげます。」

と、人数分布を確認します。ここで大切なのは答えがどちらなのか決めないことです。俳句からは、どちらの解釈も成り立つからです。

わたしは、「どちらが俳句として美しいと思うかな。」と聞く程度にします。

　残りの七分ですることは一つです。

今の段階でどちらなのか、考えをノートに書いてもらうことです。

「それでは、今の段階での自分の考えをノートに書きます。
たった今、白熱した話し合いをしたばかりだから頭がチカチカしている状態です。
だからこそ、今の考えをベタベタとノートに書いていくのです。
時間が経てば、話し合いのことは忘れてしまいます。頭が働いている今こそ書くのです。」

　教室は鉛筆の音だけがする状態になります。

七分という短い時間なので、当然あっという間にチャイムが鳴ります。

「ええ、もう終わり？」となります。

　ここで、続きを日記の代わりに書いてきてよいと伝えます。

「すごいね。まだまだ書けるんだね。それだけ価値ある話し合いだったのです。続きを国語ノートに書いてきても構いません。それが宿題の日記の代わりです。」

そして翌日に提出された国語ノートをコピーして配付します。よいノートを広げていくことができるのです。

2　赤蜻蛉筑波に雲もなかりけり　正岡子規

(1)　教材文の情景を絵にする

まずは暗唱してしまうぐらい音読します。

次に俳句の情景を絵に描いてもらいます。そのときに「**必ず話者（語り手）を入れる**」ように伝えます。

(2)　代表的な絵（意見）をいくつか子どもが板書する

早く書けた子のノートを見せてもらいます。

そのときに代表的な意見を子どもに板書してもらいます。ある程度板書してもらったら、

「**黒板にある絵と全く違う絵を描いた人はいますか。**」

と聞くと、子どもの意見の漏れを防ぐことができます。

板書した子が、黒板に描かれた自分の絵を見て説明をはじめます。一人終えたら次の人が説明をします。

こうして、板書された絵を全て説明してもらいます。教師は子どもの説明を聞きながら、何を発問するか考えます。

難しい場合は、あらかじめいくつか発問を用意しておくとよいです。

(3) 教師が一つ意見を取り上げる

子どもの絵を見て、

「話者（語り手）は雲を見ているのですか。」と発問します。

おおよそ半々に分かれます。

「話者に○○は見えているのですか。」という発問はかなり有効です。

(4) その一つの意見についてだけ討論する

絵の説明が終わったら討論です。

ネームプレートを「自分の考えに近い絵」に貼ってもらいます。

こうすると、どの絵に賛成が何人いるかひと目でわかります。人数分布を把握することもできます。

全体の話し合いの前に、「隣同士で相談」→「五人に自分の考えを伝える」の活動を入れると発表しやすい雰囲気ができます。

「見えない」派は、「雲もなかりけり」を根拠にします。予想通りの発表です。

「見える」派の意見に驚きました。

「目の前に蜻蛉の群れが現れて、雲が見えない」つまり、「目の前の蜻蛉に目が奪われている状態」なのだというのです。そういう解釈もあるのかと考えさせられます。子どもらしい意見です。

「蜻蛉も筑波山も雲も見えない」という意見も出ました。話者の回想だというのです。

授業の終わり七分ほどになったら討論を終わりにし、意見文を書く時間にします。

(5)　授業の終わり七分ほどをとって意見文を書く

最終的に「話者に雲は見えているのか」の人数分布を確認します。

そして「今の考えをノートに書きます。」と伝えます。

チャイムが鳴ったら「まだ書ける人？」と聞き、家で日記の代わりに書くことを勧めます。

翌日にお手本となるノートを印刷して配ります。

ときには、教師も子どもと同じテーマで書くこともあります。書き方のお手本を示すためです。「教師から子どもへの挑戦状」という形で配ると、燃える子どもが出てきます。

そうした子の文章力を引っ張り上げるために、教師が書き方のお手本を示すのです。

子どもは自分のノートと比べます。そして教師の書き方を真似する子がでてきます。それを具体的に褒めて波紋のように学級に広げていくと、学級全体の文章力があがります。

生徒のノートのコピー

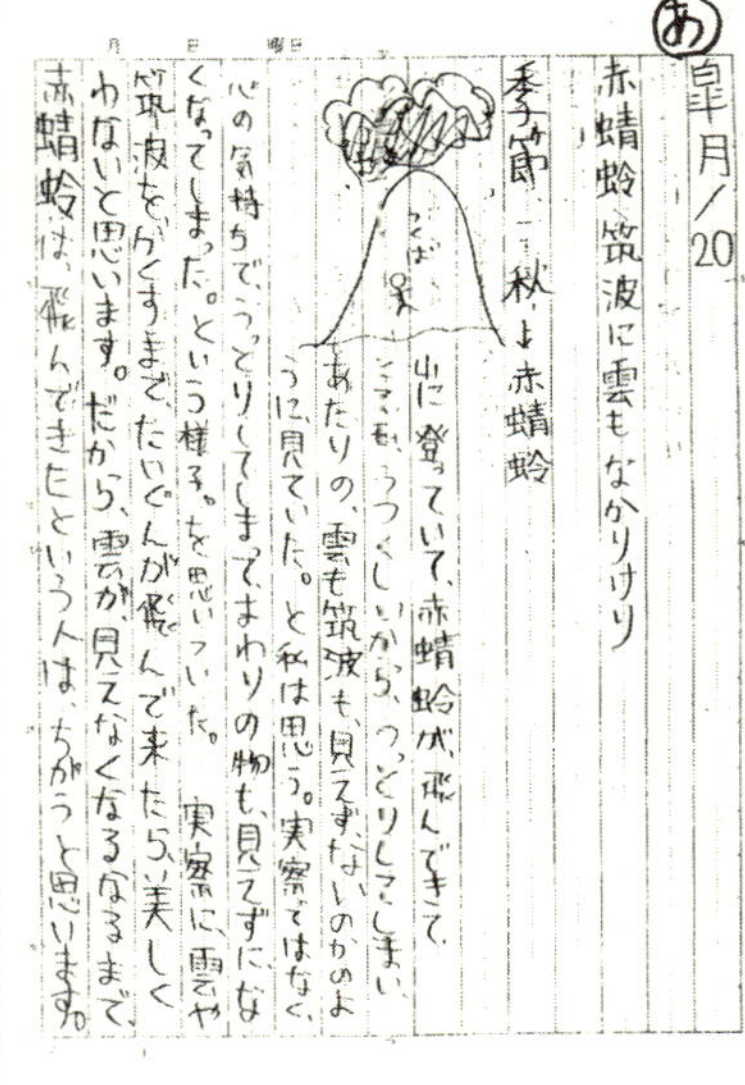

あ

８月／20

赤蜻蛉筑波に雲もなかりけり

季節…秋↓赤蜻蛉

山に登っていて、赤蜻蛉が、飛んできて、ここも、うつくしいから、うっとりしてしまい、あたりの、雲も筑波も、見えずないのかのように見ていた。と私は思う。実察ではなく、心の気持ちで、うっとりしてまわりの物も見えずになくなってしまった。という様子。を思いついた。実察に、雲や筑波をかくすまでたいぐんが飛んで来たら美しくゆないと思います。だから、雲が見えなくなるまで、赤蜻蛉は、飛んできたという人は、ちがうと思います。

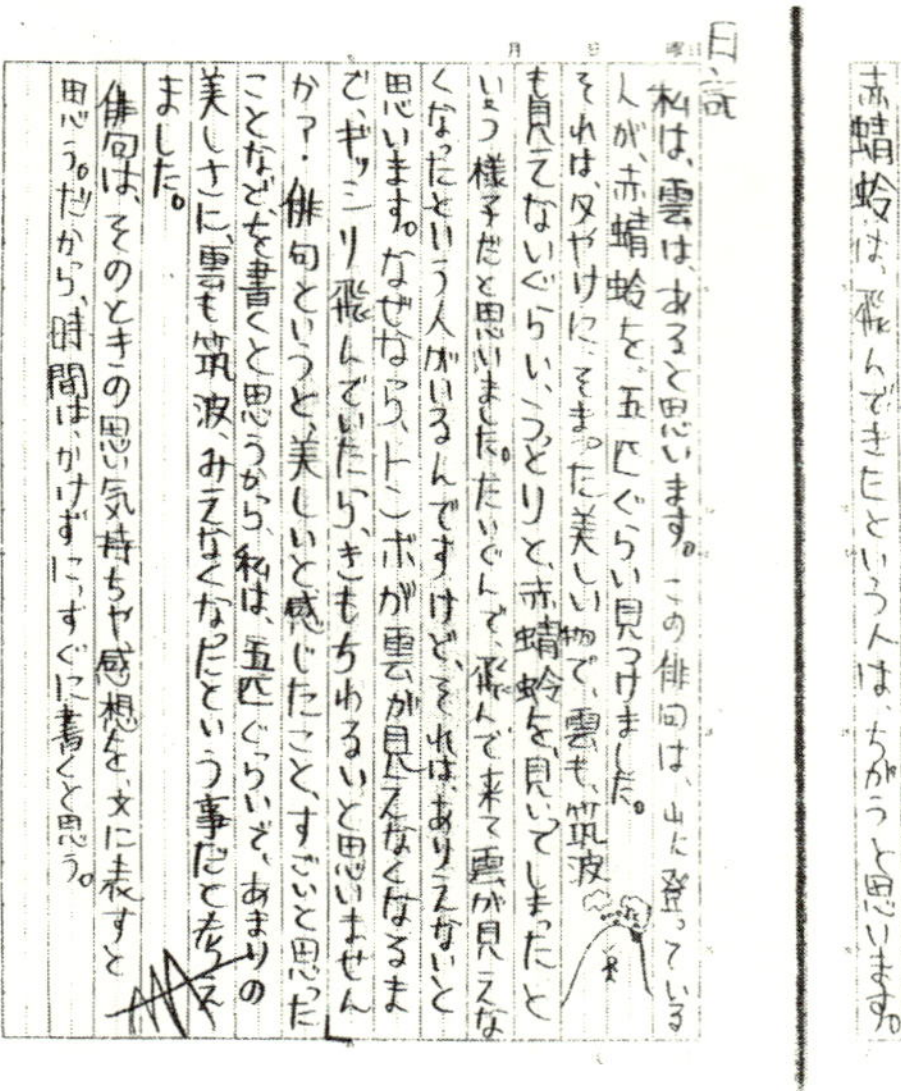

日記

私は、雲はあると思います。この俳句は、山に登っている人が、赤蜻蛉を、五匹ぐらい見つけました。それは、夕やけにそまった美しい物で、雲も、筑波も見えてないぐらい、うっとりと、赤蜻蛉を見ていてしまったという様子だと思いました。たいぐんで、飛んで来て雲が見えなくなったという人がいるんですけど、それは、ありえないと思います。なぜなら、トンボが雲が見えなくなるまで、ギッシリ飛んでいたら、きもちわるいと思いませんか？俳句というと美しいと感じたこと、すごいと思ったことなどを書くと思うから、私は、五匹ぐらいで、あまりの美しさに、雲も筑波もみえなくなったという事だと考えました。

俳句は、そのときの思い気持ちや感想を、文に表すと思う。だから、時間はかけずに、すぐに書くと思う。

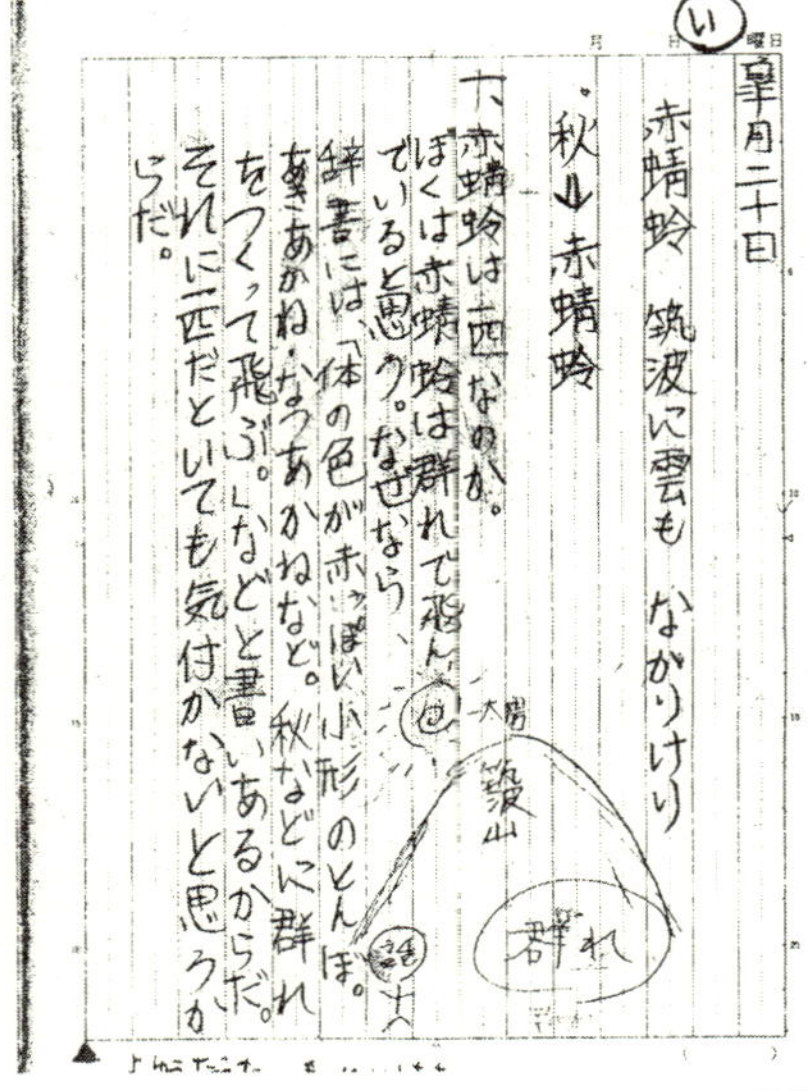

い

８月二十日

赤蜻蛉　筑波に雲も　なかりけり

・秋↓赤蜻蛉

一、赤蜻蛉は一匹なのか。

ぼくは赤蜻蛉は群れで飛んでいると思う。なぜなら、辞書には「体の色が赤っぽい小形のとんぼ。あきあかね・なつあかねなど。秋などに群れをつくって飛ぶ。」などと書いてあるからだ。それに一匹だといても気付かないと思うからだ。

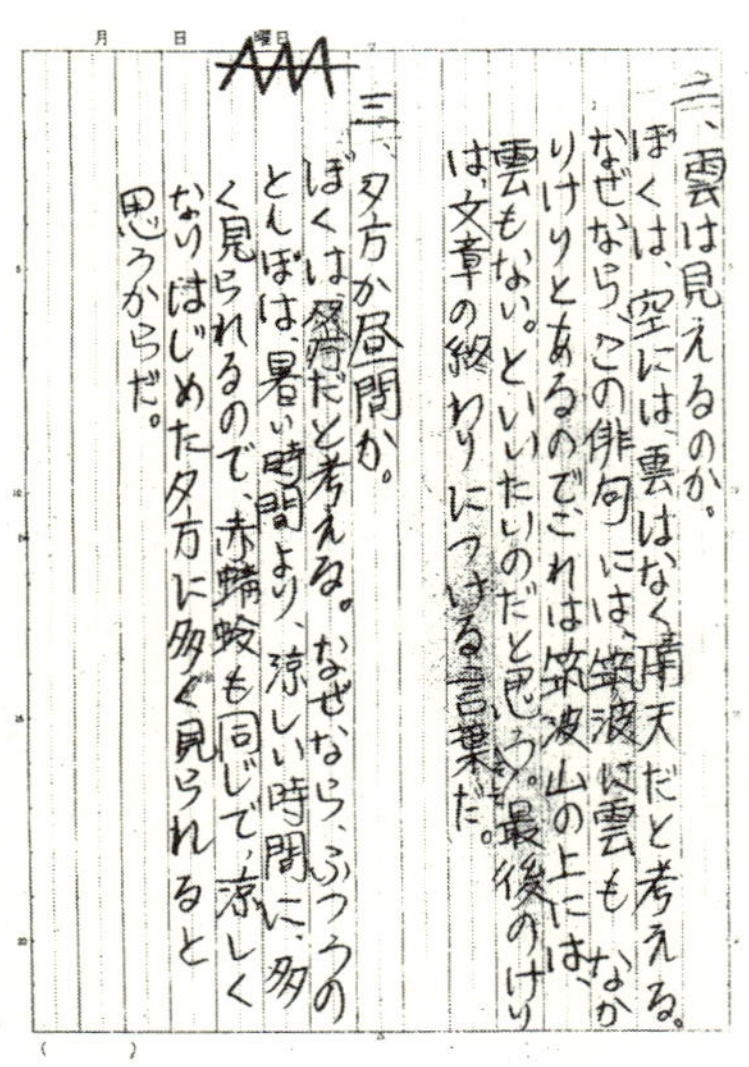

二、雲は見えるのか。

ぼくは、空には雲はなく晴天だと考える。なぜなら、この俳句には「筑波に雲もなかりけり」とあるのでこれは筑波山の上には、雲もない。といいたいのだと思う。最後のけりは、文章の終わりにつける言葉だ。

三、夕方か昼間か。

ぼくは夕方だと考える。なぜなら、ふつうのとんぼは、暑い時間より、涼しい時間に、多く見られるので、赤蜻蛉も同じで、涼しくなりはじめた夕方に多く見られると思うからだ。

先生のお手本

赤蜻蛉　筑波に雲もなかりけり

この俳句に雲はない。なぜなら「雲もなかりけり」とある。「雲もないんだなあ」と感じているのだ。もし、雲が見えるのなら「雲もなかりけり」ではなく「雲もありけり」となるはずだ。「けり」は広辞苑に次のようにある。㈠「ある事実から、過去にあったことを回想する。前は…だった。

㈡人から聞いたりして知っていたことを思い起こしていう。

㈢過去にあったことを今の話題にのせる時にいう。

㈣今あることは、前からのことであったと思う。

㈤時を超越して、ある事実が存在することを述べる。

㈠ならば「雲もない。前はあったのにな」となる。㈡ならば「雲もなかったな」と思い出している。㈢ならば「前は雲もなかった」となる。㈣は「前から雲もないのだなあ」となる。㈤ならば「前からずっと雲もないんだな」となる。いずれにせよ、雲はない。


クラスで次のような意見が出た。「雲はある。しかし目の前に赤蜻蛉がたくさんいて、それに目をうばわれた。」実に素晴らしい解釈だ。私は考えつかなかった。しかし、これは違う。もし、そのような情景なら「赤蜻蛉筑波の雲がなかりけり」となるはずだ。俳句は「筑波に雲も」なのである。「雲も」だ。他にも「ない」ものがあるのだ。「雲も□もなかりけり」のようになる。雲の他に何が考えられるだろうか。太陽か。

私の解釈はこうだ。

秋。赤蜻蛉を一匹見る。おそらくこの秋初めての赤蜻蛉だ。それを見て話者は思い出す。そういえば、筑波山に雲もなかったなあ。例えば、北海道にいる話者が、とんぼを見た。そこで茨城の筑波山に雲もなかったことを回想した。これが私の解釈だ。

①雲1つないある日　赤蜻蛉だ　例　北海道にいる

②そういえばあの筑波山に雲もなかったなあ…　茨城の筑波山を思い出す。

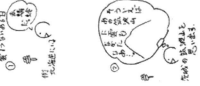

3 りんご　山村暮鳥

りんご

山村暮鳥

両手をどんなに大きく大きく広げても
かかえきれないこの気持ち
林檎が一つ
日あたりにころがっている

(1) 教材文の情景を絵にする

まずは、何度も何度も音読します。暗唱してしまうぐらいです。

ノートに絵を描いてもらいます。

「りんご」と「話者」を必ず絵に入れるように伝えます。この二つの関係が大切だと考えたのです。

子どものノートを見て驚きました。

この詩の話者が「木」だと考える子が多くいたのです。

「両手」とは「枝」を表し、「どんなに広げても」は、「どんなに成長して枝が伸びても」と考えたのです。

私にはない解釈でした。

(2)　代表的な絵（意見）をいくつか子どもが板書する

子どもの絵を見て、どこか一点に論点を絞ろうという視点で絵を見ます。

すると「話者がバラバラ」です。

「人」はもちろんのこと、「木」「花」「太陽」と分かれています。

(3)　教師が一つ意見を取り上げる

この四つに分かれた意見を「Aなのか。Bなのか。」と二つに整理すると活発な討論になります。

「話者（語り手）は人なのか。それ以外なのか。」

と、問うことで討論になります。

(4)　その一つの意見についてだけ討論する

討論の前に「話者はどれが正しいのか」を選ばせて、絵の近くにネームプレートを貼らせます。

これで、人数分布がはっきりします。

こうしておいて、「話者は人なのか。それ以外なのか。」と発問します。

「隣の人と相談」→「五人の人に自分の考えを伝える」の活動をした後、全体での討論です。

最終的に話者は多数が「木」を支持し、「太陽」が少数になりました。

(5) 授業の終わり七分ほどをとって意見文を書く

残り七分ほどでノートに意見文を書かせます。

意見文を書くことに慣れてきたら、次の話型を教えるとより高度な文章になります。


もし～なら、この詩の「　　」という言葉は「　　」と書くはずだ。


これを教えると、子どもは詩に出てくる言葉一つひとつにこだわるようになります。

そして、こうした書き方ができたノートを取り上げて褒めることで波紋のように学級に広げることができます。

討論後、授業の終わり七分程度で書いた子どもの意見文です。


この話者は木（りんごの木）であると思う。

やっぱり、りんごの木の枝が、どんなにのびても、たくさんのりんごを全部かかえることができなくなって、とうとうりんごの実が、ひとつ、ポロッと落ちてしまった、という意味だろう。

一つだけポロッと落ちるというのは、なんだか悲しい、むなしいというイメージがあるという人がいるけれど、この場合の落ちるというのは、りんごの実がたくさんできて、落ちるほどになった、というので、たくさんできたんだな、と思い、プラスの気持ちだと思った。

次に、気持ちをかかえているのは、太陽ではなく、りんごの木だと思う。

もし太陽が気持ちをかかえているなら、りんごが、ではなくて、「光が」、と書くはずである。りんごがひとつ、というのだから、やっぱり気持ちをかかえているのはりんごの木だと思う。

太陽が話者だったら「日あたり」とかかないし、太陽が「かかえきれないこの気持ち」とかいてあって、りんごとはあまり関係がない。

りんごは転がっている。

もし、止まっていたら「ころがっていた」になると思う。題名は「りんご」で、文の中では「りんご」が漢字になっているのは、一つが本物のりんごで、もう一つは自分にたとえているから漢字とひらがな両方使うのだと思う。

話者は木である。

なぜなら、太陽が話者だとしたら「日あたり」とわざわざ言わないと思う。その場合はぼくのや私のなどを使うはず。

ほかにも、日かげから日なたにころがっているりんごを見るはずだから絶対話者は日なたにいるとおかしい。

このことから太陽は日かげにいないので話者は太陽ではなく木だと考える。

この授業では、討論になる発問として、

「話者は日なたにいるのか、日かげにいるのか。」

「かかえきれないのはりんごか、気持ちか。」

もあります。

二　教師の挑戦状「先生はどちらの立場でも意見文が書けます。」

討論での発問は「AかBか。」と二つに分かれると燃えます。

討論後、子どもはAかBかどちらかの立場で意見文を書きます。


A（B）である。

まず、～からだ。

さらに、～からだ。

その上、～だ。

よってA（B）である。


討論後に意見文を書かせて、チャイムが鳴ったときに「家で続きを書いてきてもいいよ。」などと勧めます。

ときには教師も子どもと同じノートに意見文を書きます。

大切なのはAという立場、Bという立場の両方の立場で意見文を書くことです。

つまり意見文を二つ用意することになります。


最初にAという立場で書いた意見文を配付して読み聞かせします。

教室は「やっぱりAが正解なんだ。」という雰囲気になります。

カレーライスの対役は誰か。　竹岡圭和

「対役」とは、中心人物の考えや行動をガラリと変える人物のことである。この作品の対役はお父さんである。

第一に、ひろしは、お父さんの具合が悪そうな様子を見て、行動に変化が起きているところである。P114「何か作るよ。ぼく、作れるから。」とある。これまで、「絶対にあやまるもんか。」と決めていたひろしの考えが、お父さんの様子を見て変わっているのだ。

第二に、お父さんのひろしに対する物言わぬふるまいが、ひろしの考えや行動を変えているところである。お母さんは、ひろしに対して「意地を張るのはやめなさいよ。」「ちゃんとあやまりなさいよ。」など言葉を投げかけているが、P113「お母さんはいつだって、お父さんのみかただ。それがくやしかったから、何があっても絶対にあやまるもんか、と心に決めた」とある。よって、お母さんの言葉は、ひろしの考えや行動を変えるきっかけにはなっていない。それに対して、お父さんの「頭が痛いなあ。」に対して、P118 L5「早くねたほうがいいんじゃない。言いたかったけど、言えなかった」と、ひろしの考えが変わる記述がある。他にも、お父さんが目玉焼きを作ったことについて「急に悲しくなってきた」とある。このように、物言わぬお父さんの行動にひろしの考えがガラリと変わっているのである。

第三に、お父さんと特製カレーを一緒に作ることが仲直りのきっかけになっているところである。P120 L3以降、お母さんは一切登場しない。しかし、仲直りするのは、P120以降である。よって、ひろしを変えたのは、お母さんではなくお父さんである。さらに、P125 L9「ごめんなさい。」は言えなかったけど。」とある。この作品は、ひろしの視点で描かれている。「言えなかったけど」は「言わなかったけど」と違って、「本当は言いたかった」というひろしの心がわかる。本当は、ごめんなさいと言いたかったのだ。このように、お母さんと違い、お父さんの物言わぬ行動がひろしを変えている。よって対役はお父さんである。

カレーライスの対役は誰か。

竹岡正和

「対役」とは、中心人物の心や気持ちをガラリと変える人物のことである。この作品の対役は、お母さんである。

第一に、けんかをしているのは、ひろしとお父さんである。お母さんは二人の間をとりもつ形で登場する設定だ。仲直りさせようとひろしに働きかけている。例えば、P12「いいかげんに意地を張るのはやめなさいよ。」P12 L10「ちゃんとあやまりなさいよ。」P13 L5「いい。今夜のうちにあやまって、仲直りしときなさいよ。」P14 L1「ひろしのことが大好きなのよ。」「今朝も、『ひろしは、まだすねてるのか。』って、落ちこんでたのよ。」これらの言葉は、ひろしがお父さんと仲直りしてほしいとお母さんが起こした行動である。逆に、お父さんは、このような行動を一切していない。逆に、P16 L1「一日三十分の約束を守らなかったのは、もっと悪いよな。」P17 L5「もしもうし、ひろしくうん、聞こえてますかあ。」P17 L8「いいかげんにしろ。」と、ひろしの気持ちを逆上させる言葉を投げかけている。これは、ひろしの考えや行動をガラリと変えるよりも、余計、あやまるものかという気にさせている。

第二に、お母さんはひろしに手紙を書いている。P20 L1「しょんぼりするお父さんの似顔絵を手紙にそえていた。」とある。これもひろしをガラリと変えるための行動だ。この後、ひろしは「お父さん、この前はごめんなさい——。」とあやまる練習をしている。お母さんの手紙がきっかけでひろしの考えや心がガラリと変わったのだ。

第三に、お父さんは、直接ひろしの考えや心を変えるような行動をしていない。お母さんと全く逆である。

以上の理由から対役はお母さんである。

そこで、もう一枚配付します。Ｂの立場で書いた意見文です。これを読み聞かせすると子どもは驚きます。


先生はどちらの立場からでも意見文が書けます。

国語の討論では、一〇対〇でＡが正しいということはほとんどありません。六対四で、どちらかといえばＡかなというのが討論です。

ですから、大切なのは、言葉一つひとつにこだわり、友だちの様々な意見を聞いて、どちらかと迷いながら最終的にＡかＢかなと判断していくことです。


こうして教師の作文をお手本として示すことで、やがて子どもが教師に迫るような意見文を書くようになってきます。

それを印刷して広げていくことで全体の文章力が高まっていきます。

三　子どもの挑戦状「先生に反論します。」で何でも言い合える雰囲気を作る

学期が進んで子どもが書くことに慣れると、「先生の挑戦状」として配った意見文に反論する子が出てきます。

これを大いに褒めます。


学問の世界は人数では決まらない。先生だって間違えることはある。

だから教室は平等なんだよ。

とよく話しています。二学期、討論を経て教師が意見文を書きました。

五年四組諸君へ1

「耳」を分析する。　竹岡正和

詩の情景を絵にする。

下のようになる。まず、「私」である話者は「人」であろうか。「貝」であろうか。「人」である。クラスでは「貝」が数名ながらいた。「貝」の耳が「殻」だと言うのだ。百歩ゆずって、「私」が「貝」だとしよう。すると二行目「海の響きをなつかしむ」が、つじつまが合わない。貝が海の響きをなつかしむのは、不自然である。貝はもともと海にいる生き物だ。海にいる生き物が、どうして海の響きをなつかしむ必要があるのだろうか。よって「私」は「人」である。以下、そういう前提で書く。

一、話者は海が見える場所にいるのか。

クラスでは、一人「見える」と考えた。話者は海が見えない場所、もっと言うと海から遠く離れた場所にいるはずだ。キーワードは

2

「なつかしむ」だ。これは「なつかしく思う。なつかしがる。(大辞泉)」という意味だ。話者は「海の響き」が感じられる場所にいた。それが何かの理由で、海が見えない場所に移動したのだ。しかも長い時間、海を目にしていない。「なつかしむ」という言葉から私はこのように考えた。

二、「貝の殻」はあるのか。

これも意見がわかれた。私は、貝の殻はないと考える。

第一に、これは「私の耳は貝の殻のようだ」と、耳を貝の殻に例えているのだ。いくつか例を出す。

A先生は鬼のようだ

これは先生が鬼のように怖い性格の持ち主だと言っているのだ。

B先生は鬼だ。

これも、「A」と同じ意味だ。先生は角は生えていないし、キバもない(笑)。

この詩は、話者の耳が貝の殻のようだと言っているのだ。そして二行目で、詳しく貝の殻で何が言いたいのか説明しているのだ。

第二に、海の「響き」と書いてある。もし、話者が耳に貝の殻を当てているのなら「海の音をなつかしむ」と書くはずだ。「響き」とは、㊀音が広がり伝わること　㊁余韻。残響。また、耳に受ける音や声の感じ。(大辞泉)」とある。"響き"とは"音"と違い、波の音だけでなく、話者がいたであろう砂浜にいる人の声、カモメの声、さらには海の風景という視覚的なイメージも含めて、それが「響き」となって、話者の耳に広がっていくのだ。

もし、耳に貝の殻を当てるのなら、それは「響き」でなく「音」だ。波のような音が耳に聞こえるといった、浅く、広がりのないものになってしまう。

3、4に続く

第三に、一文字にこだわってみよう。

~~以上を総合して考えます。~~

~~話者である私~~

A「私の耳が貝の殻」だとどうなるか。
これは「誰の耳が貝の殻なの?」Bに対する答えとなる。

B「私の耳も貝の殻」
これは、あなたの耳も私の耳も貝の殻」となり、複数あることを意味する。

C「私の耳は貝の殻」
これはAと違い「あなたの耳は何なの?」Bこれに対する答えとなる。

Aは、耳が貝の殻であることを前提として語っていて、Cは耳が何なのか知らないことを前提に語っている。

この詩はCの表現だ。"私の耳"とは何なのかを明らかにすることが詩の中心テーマであり、だからこそ題名が「耳」なのである。

よって、耳に貝の殻を当てているのは、おかしいことになる。

いろいろな考えがあってしかるべきです。
※これはあくまでも私の考えです。反論があって当然です。どうぞびっしりとノートに書いて反論してください。

おわり。

教室で討論した後に、放課後書いたものです。これを挑戦状として読み聞かせします。

翌日、反論を書いてくる子がいます。それを取り上げて褒めます。こうして自由に発言できる雰囲気をつくることができます。

先生に反論です

1. 昨日の「耳」の私の作文に多くの反論があった。
そうだ、学問の世界は多数決じゃない。

学問の世界は年齢では決まらない。

意地でも先生に納得しないという その心意気や よし。

2. ただ、私は納得しないよ(笑)。
きちんと辞書を引き、言葉一文字にまでこだわり、この言葉はこのように考えられる、というバチッとした反論を次回待っている。

1/10 ㉓③　（　　）

聴文析する。

まず、先生の意見について反対する。反対する文はこの文だ。「海にいる生き物が、どうして海の響きをなつかしむ必要があるのだろうかだ(1枚目の14行目)。なんで、生き物が海をなつかしんじゃいけないのかが不思議だ。だって、ぼくの絵は、海と貝はとてもとても遠くにあるのだ。貝は、海を見ることができません(先生の貝こと)について、100%ちがう。だって、(とてもとても遠く)ちゃんと、遠くにある(見えないところ)にあるんですよ。これが不自然だというのが絶対ちがう。逆に、話者が人だとした場合、先生の意見だとその人はよく海の見られる場所にいた。ということは海の近くだ。海の近くということは、海にも、たくさん行っているだろう。ということは、貝と同じ回数海にいた(大かん、結こんしていない場合)だからハンデとかはないだろう。


次も、反対する。2枚目の18・19行目だ。「先生は鬼だ」これは、A.と同じ意味だ。先生は角は生えていないし、キバもない(笑)に、反対だ。なぜなら、もし、竹岡先生を知らなかったとすると、ぼくは、本当に鬼に思う。だから、先生の意見はちがう。だから、「耳」の、「私の耳は貝の殻」は、その実物を見ていないから、本当の貝の殻のはずだ。


次も反対する。3枚目の2行目の、「そして二行目で詳しく貝の殻で何が言いたいのか説明しているのだ」の、「貝の殻で何が言いたいのか」という文に反対だ。例えば、声の出せない人がいたとしよう。その人は、手話とか、実物でやったとしよう。もし、実物でやって、りんごを出したとしよう。そうしたら、相手が、

「そのリンゴでなにがしたいの」

と、言うだろう。そのリンゴを、貝の殻に変えてみよう。すると相手は、こういうだろう。

「その貝の殻で、何がしたいの」

と、そう言われたとき、声の出せない人は、貝の殻を持っている。だから「貝の殻は持っていない」という意見は、ちがう。以上です。


どうぞ、ごゆっくりと反論をお書き下さい。

印刷して読み聞かせすると、教室は「自分も書く！」と続きます。それもまたコピーして広げます。

四　身近な話題で熱中する討論の授業づくり

1　全員が熱中できるテーマで討論

教室に討論を取り入れると授業がダイナミックになります。

教師が、ほとんど発言することなく子どもだけで授業を進めていくのです。

国語の教科書にある物語教材で討論することもできます。

ただ、初期の段階では身近なお題を取り上げた方が、子どもに討論の楽しさを伝えやすいです。

子どものノートを見ると、授業でごくごく身近な話題で討論していることがわかります。


ドラえもんの主人公は誰か。

ドラえもんである。

なぜか。

第一に題名が「ドラえもん」だから。

第二に道具を出すのはドラえもんだから。

第三にドラえもんがいないと話がならないから。

よってドラえもんの主人公はドラえもんである。

大人と子どもどちらが得か。
子どもである。
なぜか。
第一に子どもは楽だから。
第二に仕事をしなくていいから。
第三にいそがしくないから。
第四に元気だから。
第五に若い方が楽しいことがたくさんあるから。
第六にたばこなどで病気にならないから
よって大人

「飼うなら犬と猫どちらがよいか」

このお題を例として討論の授業づくりを紹介します。

討論は、二者択一であることが望ましいです。また、犬と猫について、ほとんどの子が何かしら知識と体験をもっています。このようなお題だと、子どもは討論に熱中します。

まず、子どもに問います。

「犬と猫、飼うならどちらがよいかで討論します。後で考えが変わってもよいですから、今の段階でどちらがよいか手をあげます。飼ったことがない人もいると思います。討論は相手を説得する勉強です。」

こうしてどちらかに手をあげてもらいます。黒板にそれぞれ何人か人数も書きます。

次に自分の意見をノートに書きます。

これは、先ほど紹介した五つの文で書くとよいです。

飼うなら犬（猫）の方がよい。
まず、～からだ。
さらに、～だ。
その上、～だ。
以上の理由から飼うなら犬（猫）の方がよい。

この型が定着していると、子どもも素早く書くようになります。五つの文で書けた子には理由を一つだけ板書してもらいます。

早く書き終えた子に、「書き終えたら何をすればいいですか」という状態にさせないためです。

「全部書いた人は黒板に一つだけ、理由を書いてください。

ノートに理由は三つあるでしょう。その中で一番説得力がありそうな理由を板書します。」

ノートに五文書き終えた子から板書しはじめます。後から黒板に来る子へは次のように言います。

「後から黒板に理由を書く人は、まだ誰も書いていないものにします。

全て書かれてしまった人は席に戻ります。

そして相手側が黒板に書いた意見を読んで質問できるようにします。」

ここでも黒板に書き終えた子、ノートの理由が全て黒板に書かれた子が「何をすればよいか」という状態にならないために、次することを伝えます。

黒板は上のようになります。

黒板の真ん中に討論のお題、右側に猫がよい理

猫
1　自由気ままだから（名前）
2　散歩しなくて済むから（〇〇）
3　決められた場所でトイレできるから（〇〇）
4　放し飼いできるから（〇〇）

飼うなら犬と猫、どちらがよいか。

犬
1　飼い主の言うことをきくから（〇〇）
2　賢いから（〇〇）
3　人懐こいから（〇〇）
4　犬の方が可愛らしいから（〇〇）
5　犬が好きだから（〇〇）

由、左側に犬がよい理由が書かれた状態です。

実際の黒板にはそれぞれ一〇以上の理由が書かれます。

理由を書いたら必ず自分の名前を（〇〇）と書いてもらいます。後の話し合いで引用するためです。


板書が終わったら右側から書いた人に発表してもらいます。

「飼うなら猫です。猫の方が自由きままだからです。」

「飼うなら猫です。散歩しなくて済むからです。」

「飼うなら猫です。決められた場所でトイレできるからです。」

次々と黒板に書いたことを発表してもらいます。


このときに一つ発表を終えるごとに、その意見の上に番号をふっていきます。

こうすると話し合いのときに、黒板のどの意見かすぐに見つかります。

2 出された理由で「ぜひ質問したい」というのを一つ選んでもらう

発表が終わったらこう伝えます。


「黒板の意見で、ぜひともこの意見に質問したいというのがあるでしょう。例えば、『〇番の〇〇くんの、犬の方がかわいいからというのに質問です。僕は猫の方がかわいいと思うのですがいかがですか。』のようにね。

黒板を見て一つ、これは絶対に質問したいというのを探します。」


しばらく、質問を探す時間をとります。

自然と隣同士で、

「あの意見おかしくない？」などと相談が始まります。

質問を探すというのは、実は子どもに「反対意見」を考えてもらっていることになるのです。

　三分ほど時間をとって次のように伝えます。


「隣の人と、自分が考えた質問を伝え合います。」


全体の前で発表するのが苦手でも、席が隣の人なら発表できます。

質問が探せない子は、隣の子に探した質問を聞けばよいのです。こうすることで「そのような質問があるのか」と知る機会になります。

　次にいよいよ指名なしで発表してもらいます。

全員が教室の中央に体を向ける形をとります。


「それでは、先生は指しませんから質問がある人は立って発表します。」


いよいよ指名なし発表のスタートです。

「四番の○○さんに質問です。犬の方がかわいらしいからとありますが、猫の方がかわいいと思うのですがどうですか。」

　と誰かが質問します。このときに、四番の意見を書いた○○さんが答える番です。

当然、この質問の次に、他の質問が発表されたら交通整理をします。

「今は、〇〇さんが答える番です。」

それでも、〇〇さんが答えられない場合があります。

ここで一つ教えます。

「このように質問された〇〇さんが答えられない場合はね、『少し考えさせてください。』って立って言えばいいのです。そしたら、『〇〇さんの代わりに答えます。』と言って、誰か他の人が〇〇さんの代わりに答えてもいいのです。」

これで、話し合いの進め方を子どもたちは一つ知ることができます。

それでも、誰も質問に対する答えを発表できない場合は次のように伝えます。

「誰も答えない場合は、誰かが『話を変えてもいいですか。』と断ってから、次の新しい質問を発表するのです。」

こうすると、子どもたちだけで話し合いを進めることができます。

「質問一→答え→質問二→答え→質問三」と自分たちで話し合いの交通整理をしていくことができます。

もし、質問に対する答えが発表されたらどのように進めればよいのでしょうか。

「四番の〇〇さんに質問です。犬の方がかわいらしいからとありますが、猫の方がかわいいと思うのですがどうですか。」

「わたしは、猫よりは犬の方がかわいいと思うのです。」

これで、「質問一→答え」と完結しているかに見えます。が、この「答え」にさらに質問や反対意見があるならそちらを優先します。

「犬の方がかわいい、猫の方がかわいい、というのは個人の好みになってしまいますがどうですか。」

のように「答え」に対してさらに質問、反対意見が続くのです。こちらの方が話し合いとしては優れています。

「質問一→答え→その答えに対する質問、反対意見」と一つの質問につなげていくのが話し合いとしては高度になります。

しばらくして教師が次のように伝えます。

「**かわいいという意見は個人の好みなので、話し合いが平行線になってしまいます。このような好き、嫌いという意見は個人の自由です。ただ、教室の話し合いで取り上げる必要はありませんね。○○さんのおかげでとてもよいことを学びましたね。**」

このように、「○○が好きだから」というのは、国語の話し合いには向かないというのを子どもが学習していくのです。

3　教師が一つの意見を取り上げて話し合いを熱中させる

話し合いの途中に、クラス全体で取り上げるべき優れた意見が発表されることがあります。

教師が介入しなければ、指名なし発表なので、自然とその意見が流れて消えていきます。

この話し合いの途中に、次の意見が出されました。

「猫の方が自由気ままだから、飼うなら猫の方がよいと思います。」

私は、この意見を取り上げて次のように全体に伝えました。

「猫の方が自由きままだという意見がありました。犬と猫、どちらが自由気ままですか。」

このように問うことで、

「犬と猫、飼うならどちらがよいか。」

という話し合いから、

「犬と猫、どちらが自由きままか。」

という話し合いにチェンジしたことになります。

「どちらがよいか。」より「どちらが自由きままか。」の方が具体的になります。

話し合いは、はじめは「どっちがいいかな。」と広く聞くことで意見が多く出されます。そうしておいてから、「どっちが自由きままかな。」と狭く限定していくことで、突っ込んだ意見を取り出すことができます。

また、狭く限定された問いかけの方が、子どもの考えもより深まります。そして話し合いもより深くなります。

さらに、

「飼うなら犬の方がよいけど、自由気ままという点では猫かな。」

と、一つひとつの意見に対して「犬か猫か」考えられるようになるのです。

ここでの話し合いとは、一つひとつの意見について「犬か猫か」検討していく作業なのです。

「自由きままという点では犬か猫か。
どちらかまずは近くの人と相談します。」

　ここでいきなり全体で話し合う前に、席が隣の人など近くの人と相談してもらいます。子どものノートに書いてあるのは、「飼うならどちらがよいか。」というお題に対してです。「自由きまま」という点について何も書かれていません。そこで、全体の話し合いの前にワンクッションおくことで、「どちらが自由きままか」考える判断材料が手に入るのです。しばらく時間をとってから、

「自由きままという点では犬だと考える人は手をあげます。猫だと考える人は手をあげます。」

と聞くと、一人ひとりが意見をもった状態で全体の話し合いに進むことができます。
　こうして指名なし発表で、話し合いを開始します。
が、次のことも付け加えます。

「ここから先はノートに書いていないことを発表します。
相手の意見に質問したり、反論したりするからです。
こういうのをノートに書かないでとっさに言えるとよいです。
これができて〇年生です。」

　と、これから発表する子どもを価値づけるようにします。

「どちらが自由きままか」という話し合いが一通り続いたら、次のように伝えます。


「飼うならどちらかでは猫の方が人数は少ないです。

けれど、どちらが自由きままかという点では猫の方が人数は多くなりました。

このように話し合いでは、お題について自分の意見の人数が少なくても出された意見を取り上げて話し合うと逆転することがあるのです。

こうやって相手を説得して人数を増やしていくのが討論で一番大切なことなのです。」

このように短く語ってから、

「『自由気まま』という点では、猫を飼った方がよいのですねって発表できると説得力が増します。

今度から、自分たちでこのような言い方ができるとよいですね。」


と交通整理の仕方を教えます。


話し合いは、出されたお題に対して、小さな意見を一つひとつ検討していく協同作業です。

したがって、トータルで考えて「どちらを飼うのがよいか」判断できると広いものの見方ができるようになります。

4 話し合いを経て、どちらか最終判断をする

討論はディベートと違い、どちらか決着するものではありません。

話し合いで多くの意見を聞いて、自分の考えが揺れ動く中、最終的にどちらか判断するのです。

ノートに最終的な意見を書く時間を七分とるようにして、話し合いを中断します。


「最終的にどちらか判断します。

一〇対〇で犬がよい、猫がよいというのはあり得ません。

話し合いで出たように、自由きままという点では猫、飼い主に忠実という点では犬、というように一つひとつの意見に対して判断し、全体を通して飼うならどちらがよいか最終決定するのです。

そのために話し合いをしたのです。

これは一人の考えではできません。クラス全体で様々な考えが出されて、考えが揺れ動く中、最終的に決めていくのです。」


このように話し合いを価値づけてから、どちらがよいか手をあげてもらいます。

その上でノートに意見を書いてもらいます。次の型を与えます。

> **飼うなら犬（猫）の方がよい。**
> **一番の理由は～からだ。**
> **話し合いで猫（犬）の方がよい面もあった。**
> **「　　　　　　　　　　」だ。**
> **どちらもよい面があるが、飼うなら犬（猫）の方がよい。**

初期の段階では黒板にこの型を書くとよいです。

次のように教室で進めます。


「飼うなら犬（猫）の方がよい。」と結論を書きます。

ノートに理由が三つありますね。

その中で一番決め手となる理由を一つ選びます。

もちろん、ノートにない理曰でも構いません。話し合いで友だちがすごい理由を出したなら、その理由を一番にしてよいのです。

「一番の理由は〜からだ。」と書きます。

話し合いの中で、相手側の理由で納得できるものがあったでしょう。

例えば、自分は飼うなら犬だけど、自由きままという点では猫の方がよいとか。

「話し合いで猫の方がよい面もあった。」と書いて、そのよい面を書きます。

その時は友だちの考えをそのまま書くのではなく、「かぎ」を使い、その中に書きます。

自分と友だちの意見を区別するためです。引用の「かぎ」といって、作文の大切なルールです。

最後にもう一度結論を書きます。

「どちらもよい面があるが飼うなら犬（猫）の方がよい。」と。


一文ずつ黒板に書きながら進めていくとよいです。

ノートも友だちの参考になる書き方をしているのはコピーします。

それを印刷して配付することで「お手本となる書き方」を学級に広げていきます。

五　指名なし討論への年間指導計画（高学年版）

月	必達目標	■指導内容　□指示　★子どもの発言形式
4	＜列　指　名＞ 発表への耐性をつける 発言回数を皆同じにする 発表の姿勢を身につける	■あらゆる教科で「列指名」を行う。 社会科：「わかること、気づいたこと、思ったこと」を書かせた後、列指名。 理科　：「実験の予想」について理由を列指名。 国語　：「音読」の際、一文交代読みで列指名。 学級　：自己紹介を列指名。好きな教科を列指名。 □「発表で席を立つときは椅子を入れない。」　「次に発表する人は立って待つ。」 「発表するときはノートを両手に持つ」「下を向いて発表すると声が下にいき聞こえない」
5 初旬	＜指名なし発表＞ 多く経験することで慣れる 「譲り合い」に慣れる	■あらゆる教科で「指名なし発表」を行う。 社会科：「わかること、気づいたこと、思ったこと」を書かせた後、指名なし発表。 理科　：「実験の予想」について理由を指名なし発表。 国語　：「音読」の際、範囲を指定して”たけのこ読み”。 □「いつまでも立っているのはだだっ子ですよ。」「○くん、すぐに譲れたね。」 「全員言えるのですから譲ってあげなさい。」「○さんはすぐに譲ってあげて上手。」 ★「僕は～だと思います。なぜなら～からです。」
5 中旬	＜指名なし発表＞ 「譲り合い」の時間を短縮する 友だちの発言に関連して発言できる	■あらゆる教科で「指名なし発表」を行う。 社会科：「わかること、気づいたこと、思ったこと」を書かせた後、指名なし発表。 理科　：「実験の予想」について理由を指名なし発表。 国語　：発問に対して自分の考えを発表。 伴学級の指名なし発表ＶＴＲを視聴させてスピードをイメージさせる。 □「まるで１人が発表しているように言いなさい。」「３秒以内に譲りなさい。３，２，」 「３分以内に全員が発表しなさい。」 ★「○くんと似ているのだけど」「○くんに付け足しで」「○くんに反対で」

月	必達目標	■指導内容　□指示　★子どもの発言形式
5 下旬	**<指名なし発表>** 発表を早口で言わせる 「譲り合う時間」をさらに短縮する	■あらゆる教科で「指名なし発表」を行う。 ■１つの意見にこだわらず様々な意見を出させる。 社会科：「わかること、気づいたこと、思ったこと」を書かせた後、指名なし発表。 理科：「実験の予想」について理由を指名なし発表→全員発表後に質問・反対意見の発表 国語　：発問に対して自分の考えを指名なし発表→全員発表後に質問・反対意見の発表 □「友だちに話しかけるように発表しなさい。」「早口で言いなさい。」 「２秒で譲りなさい。」「さっと立って、さっと座る。」 ★「さっき○くんは～と言ったけど、もっと詳しく説明して下さい」 「さっき○くんは～と言ったけど、それは～だと思います」 「○くんはさっき、～と言いましたよね。それに反対です。僕は～だと思います。」
6 初旬	**<指名なし討論１>** 教師が突発的な意見を取り上げる。	■教師が子どもの「わ・き・お」から突発的な意見を取り上げる。 それについて意見を言わせる。 □「Ａくんの意見について賛成か、反対か、指名なしで言いなさい。」 ★「Ａくんの意見に賛成（反対）です。」
6 中旬	**<指名なし討論２>** 出された意見について賛成か反対か理由を言わせる。	■子どもから出された突発的な意見について賛成か反対か理由を言わせる。 □「Ａくんの意見について賛成か、反対か理由を言いなさい。」 「Ａくんの意見についてどのように考えるのか、言いなさい。」 ★「Ａくんの意見に賛成（反対）です。なぜなら～だからです。」
6 下旬 7	**<指名なし討論３>** **～番手の指導～** 反対意見を優先できる 発言の少ない者を優先できる	■発言には順序があることを指導する。 「反対意見を優先させる」「発言が少ない子を優先させる」 □「出された意見について『反対意見』がある人を優先します。」 □「今の意見について反対意見がある人、発言しなさい。」 ★「今のＡ君の意見に反対です。なぜなら～です。」 「今の意見に反対です。なぜなら～です。」

六　討論は大好きです。討論必勝法（子どもの日記）

討論のよさについて、子どもが次の日記を書いてくれました。

討論は大好きです。

前、日記にも書いたとおりノートに書いて発表してほめられるというきまりきったふつうの山道を行くよりはノートに書いて発表して反対されて言いかえしてというグルグルでどちらに行けばいいのかわからないぐちゃぐちゃの山道を通るほうがぜったい楽しい。

それにどちらの道を行けばいいのか分からない人には私が発言してあげて、新しい道へと導いてあげることもできる。

もしかしたらせっかくつくった新しい道もだれかに言い返せないようなすごい反対意見につぶされてしまうかもしれない。

けれどもいいかえしていいかえされて、いいかえして…。という争いをくりかえしていき、やがてどちらかがこうさんしてゴール頂上へたどりつく。それが大好きなのだ。

今までの私は、意見もろくに発表せず、ノートに「〇〇だと思います。△△だからです。」ぐらいしか書いていなくて、通知表でオール３なんて夢のまた夢でした。

しかし五年生になって討論に出会ってから私は変わりました。

意見を述べることがこんなに楽しいこと、反対されるのがどれだけムカつくこと、人を一人でもその気にさせる喜び。

全てを私に教えてくれました。

「なんで、今まで意見を言わなかったんだろう。どうしてこんな楽しいものを今まで知らなかったんだろう。」と不思議でした。

そして討論は私に勇気を与えてくれました。発言して恥をかくのも、喜びも、悲しみも、怒りも、すべてみんな、クラス全員が体験をし、成長していくんだ、と。

だから討論は大好きです。

もっとずっと早く討論に出会っていれば私は今より十倍くらい成長していたかもしれません。

毎回毎回変わる討論の話題に私達の脳はふりまわされ、様ざまな意見を考えて、ずっと勉強してきました。

私にとって討論はかけがえのない、勉強のしかたです。

討論「必勝法」
◎失敗をおそれない
「まちがえたらどうしよう。」や、「みんなに笑われたらどうしよう。」などの考えは不必要！！

とにかく思ったことをみんなの前で発言する。

みんなに笑われたりしても、それはみんなが発言する人の意見をよくきいているというしょうこだからよい。
◎辞書を活用
討論中に分からない言葉があったら、すぐに辞書をひく。

それが相手の意見に反対できるしょうこにつながることがある。

＊実際に辞書で相手の意見を打ちけしたという事実がある。
＊できれば広辞苑などのくわしい辞書で調べた方がよい。

◎楽しく議論する
例えば、ゲームが好きな子がいる。

その子はゲームが楽しいから好きなのだ。

討論中だって同じ。楽しく議論するほど楽しくやった人の意見はよりいっそうするどいものとなり、また、よりいっそうかたいものになる。


上記に記したものの他にも、たくさんのテクニックがある。

それを少しとりあげて下記に記しておく。

①他の人を巻き込む。
例　「ぼく（わたし）は～と思いますが、ぼく（わたし）と同じ考えの～くん（さん）は、どう思いますか。」

②他の人と自分、他の人と他の人の意見を関連づける。
例　Aさんの意見を「B」とする。そのBという意見は自分の「C」という意見と対立している。また、自分の「C」という意見はD君の「E」という意見と対立しているので、Aさんの「B」とD君の「E」は仲間（同じ意見）どうしである。

Ⅶ　日記の評価—ランクづけのシステム—

一　日記のレベル表を学級に取り入れる

「日記のレベル表」って何?と思われるかもしれません。

まずは、次の保護者からいただいた手紙をお読みください。

一年間の我が子の成長と感謝の気持ちが書かれている手紙です。一部引用します。


この二年間、先生の下で娘だけでなく私も沢山の大切な事を学ばせて頂きました。

一番心に残っているのは、日記の格付けです。

これをクリアしているから私は一級だとか八段とか全く躊躇も謙遜もする事なく堂々と勝手に自己申告した娘をみて、恥ずかしがらず自分の思いや意見を伝えるという先生の教えのお陰なのかどうか…

それにしても図々しいと呆れて大笑いしたのですが、先生は温かい激励、お褒めの言葉と共に快く認定してくださいました。

つい否定ばかりしてしまう私は褒める事の大切さを改めて感じさせられたものです。

「日記のレベル表」は保護者によっては、一番心に残るほどのものになります。

三学期になって、子どもが書くことに慣れてきたころ。

この一月から二月にかけて日記のレベル表を取り入れると盛りあがります。

日記のレベル表は、水泳検定をイメージするとわかりやすいです。バタ足で一三メートル泳いだら五級、クロールで百メートル泳いだら一級など、何をどれぐらいできたら何級と認定することです。

それを日記にも取り入れることはできないかと考えたのです。実際に配付したレベル表が左です。

C表　　年　組　日記レベル表
～ 長く書くレベル ～

5級	10行日記を書く。 あれこれ書かずに1つのことを詳しく書く	長く書ける段階
6級	10行日記を書く。 常体(「～である」調)の文体	
7級	10行日記を書く。	
8級	5行日記を書く。 (書き出しを工夫する)	
9級	5行日記を書く。	
10級	3行日記を書く。	
11級	1行日記を書く。	

■日記の宿題は毎日ある。月曜日から始めて日曜日に表を見て自分で級を決める。日曜日の日記を書き終えたら、「6級」などと赤鉛筆で記しておくこと。

■それぞれの級は毎日の宿題を忘れずに提出することを条件とする。
一日でも忘れたら、その週は「級なし」となる。毎日続けることが大切なのだ。

■図や絵は行数に入れないこととする。

■級はその週の毎日、表の条件をクリアできればその級となる。(月曜～金曜日の5回と土日の1回、計6回)

■5級になった者はBレベルの表(6年生～中学生レベル)の資格を得る。
レベルは、A(大学生～大人顔負け)と続く。

★もちろん、この表を気にせずにいつものように日記を綴ってもよいのです。
大切なことは毎日毎日机に向かう習慣をつけることなのです。

★5級レベルは原稿用紙1枚を10分以内で書きあげる力があります。

日記のレベル表はC表にはじまり、B、A、S表と続きます。はじめは全員がC表からスタートです。プリントの下に四角囲みで説明があります。

■日記の宿題は毎日ある。月曜日からはじめて日曜日に表を見て自分で級を決める。日曜日の日記を書き終えたら、「6級」などと赤鉛筆で記しておくこと。
■それぞれの級は毎日の宿題を忘れずに提出することを条件とする。
　一日でも忘れたら、その週は「級なし」となる。毎日続けることが大切なのだ。
■図や絵は行数に入れないこととする。
■級はその週の毎日、表の条件をクリアできればその級となる。（月曜～金曜日の5回と土日の1回、計6回）
■5級になった者はBレベルの表（6年生～中学生レベル）の資格を得る。
　レベルは、A（大学生～大人顔負け）と続く。
★もちろん、この表を気にせずにいつものように日記を綴ってもよいのです。
　大切なことは毎日毎日机に向かう習慣をつけることなのです。
★5級レベルは原稿用紙1枚を10分以内で書きあげる力があります。

一週間で、自分の日記が何級かわかる仕組みになっています。

水泳検定は、ひと夏のシーズンで何級と認定されます。

日記の級は、一週間で何級と認定されます。水泳検定と違い、短い期間で自分の級が決まるのがよい点です。

子どもは何度も挑戦することができます。

もう一つのポイントは、一度取得した級は下がることがないという点です。

先週、八級で今週九級に下がったときは、八級の原級留め置きとなります。

これも子どものやる気を維持する仕組みです。肩ひじ張らずに楽しく日記に取り組むことが子どもにとって大切だと思います。

もちろん、クラスの中には日記のレベル表が「面倒」だと感じる子もいるでしょう。

そういうことも想定して

「**★もちろん、この表を気にせずにいつものように日記を綴ってもよいのです。**
大切なことは毎日毎日机に向かう習慣をつけることなのです。」

という注意書きがあるのです。

わたしは宿題の一番の目的は「机に向かう習慣をつける」ことだと考えています。

子どもたちが決まった時間に決まった場所で決まったことに取り組む、それこそ大人になってからも役立つ大切な習慣だと考えています。

ですから、別に日記の級表を気にすることなく、書きたいことを書いてくる子がいても自然なことなのです。

二　全員がC表からスタート

日記のC表を配ります。B５版で印刷し、ノートの表紙裏側などに貼ってもらうとなくなりません。

一週間、毎日一行書いて提出すれば十一級となります。

週終わりの日記に自分で「十一級」と赤鉛筆で書きます。

もし、五級ならばC表をクリアしたことになります。

その子に次のステージであるB表を渡してあげます。

わたしは、それぞれの表をクリアした子には、「認定証」を渡してあげました。簡単な賞状のようなものです。

こうしたご褒美も子どものやる気につながるのでお勧めです。

また、B表以上にある、一級、四段、八段はそれぞれ担任が認定します。それ以外は自分で「何級」と自己申告すればよいのですが、それぞれの表の最高ランクだけは、担任が認定するとよいです。

なぜなら、子どもに「担任に評定される」緊張感を味わってもらうためです。

子どもは次の表に進むことができるかドキドキしながら日記ノートが返ってくるのを待ちます。

三　日記のレベル表

B表からS表まで掲載します。

これに取り組むことで大人顔負けの文章を綴る子が現れます。

日記のレベル表は四月から始めると、教師が大変になってしまいます。

日記を書くのが習慣化し、書く力もついてきた三学期の二月に始めるとよいです。

そうすると三月ごろに、S表を突破する子が出はじめます。それぐらいが教師にとっても子どもにとってもちょうどよい感じです。

教室で配った日記の級表を次のページから掲載します。

B表

年　組　日記レベル表

～どちらかの立場に立ち意見を述べられるレベル～

問　以下の課題にそれぞれ10行以上自分の考えを書きなさい。

「都会の生活は田舎の生活に比べて快適」について、あなたは賛成・反対どちらかの立場に立ちますか。あなたの考えとその理由を書きます。

「子どものままでいたいか　早く大人になりたいか」について、あなたはどちらの立場に立ちますか。あなたの考えとその理由を書きます。

「夏休み」「春休み」「冬休み」のうち、自分ならどの休みが最もよいですか。あなたの体験や具体例を示しながら意見を書きます。

人に自分の気持ちを伝える時「手紙」と「電話」ではどちらがよいと思いますか。

情報を得るためにはテレビ、新聞のどちらがよいですか。

日本人は、四季おりおりの自然とかかわりをもちながら、生活してきました。四季のうち、自分の好きな季節は何ですか。その理由を書きます。

評定　1級は担任が認定する

1級	1週間で6つの課題に全て答えた。
2級	1週間で5つの課題に答えた。
3級	1週間で4つの課題に答えた。
4級	1週間で3つの課題に答えた。

1　どの課題から取り組んでもよい。
2　一日に一つの課題に取り組むこと。
3　課題に取り組めない日の日記は5級（10行日記）程度は書いてあること。

以上をクリアすることが4級以上になる条件となる。

■日記の宿題は毎日ある。月曜日から始めて日曜日に表を見て自分で級を決める。日曜日の日記を書き終えたら、「2級」などと赤鉛筆で記しておくこと。ただし「1級」のみ担任が認定する。
■それぞれの級は毎日の宿題を忘れずに提出することを条件とする。
一日でも忘れたら、その週は「級なし」となる。毎日続けることが大切なのだ。
■図や絵は行数に入れないこととする。
■級はその週の毎日、表の条件をクリアできればその級となる。（月曜～金曜日の5回と土日の1回、計6回）
■1級になった者はAレベルの表（高校生レベル）の資格を得る。
レベルは、S（大学生～大人顔負け）と続く。
★もちろん、この表を気にせずにいつものように日記を綴ってもよいのです。
大切なことは毎日毎日机に向かう習慣をつけることなのです。
★1級は高校入試の作文「どちらかの立場に立って答える」形式に挑む力があります。

A表

年　組　日記レベル表

～自分の考えを様々に出す。長く書くレベル～

問　以下の課題にそれぞれ30行以上自分の考えを書きなさい。

「10年後の私」という題で文章を書きます。

「小学生活を振り返って、来年の五年生へのアドバイス」を書きます。
前半ではよかったことや反省することを書き、後半ではアドバイスを書きます。

「テレビCM」と「ちらしの広告」のどちらかを選んで、その広告の持つ長所について、体験などの具体例を交えて書きます。　＊2つを比較して書くと長くかけます。

「授業の始めと終わりに、チャイムを鳴らす必要はない」という意見に、賛成、反対のどちらかの立場に立ちますか。あなたの考えと理由を書きます。

「写真に撮る」「絵を描く」「言葉で表す」のうち、自分ならどの方法で体験を記録したいですか。
体験や具体例を示しながら意見を書きます。

国語の時間に、「文学作品を楽しむ」というテーマで話し合いました。
話し合いの中で「小説の中には、映画化された作品もある」ということが話題になりました。そのことについて、次のような意見が出されました。あなたはア、イのどちらの立場をとりますか。あなたの考えを書きます。
ア　小説は、映画で見るより本で読むほうがよい。
イ　小説は、本で読むより映画で見るほうがよい。

評定　＊四段は担任が認定する。

四段	1週間で6つの課題に全て答えた。
三段	1週間で5つの課題に答えた。
二段	1週間で4つの課題に答えた。
初段	1週間で3つの課題に答えた。

1　どの課題から取り組んでもよい。
2　一日に一つの課題に取り組むこと。
3　課題に取り組めない日の日記は(20行日記)程度は書いてあること。

以上をクリアすることが初段以上になる条件となる。

S表

年 組 日記レベル表

～分析日記が書けるレベル～

問　以下の課題にそれぞれ50行以上自分の考えを書きなさい。

高見 順　われは草（教科書）を分析しなさい。

星とたんぽぽ　金子みすず（裏面掲載）を分析しなさい

黒い王様　谷川俊太郎（裏面掲載）を分析しなさい

＊「分析しなさい」は以下のようなことを書くとよいでしょう。

1　わかること・気づいたこと・考えたことを書く
2「1」の中からいくつか取り上げて自分の考えを書く
3　問いを立てて、自分で答える。
4　作者は何が言いたいのか書く。
5「もし～なら、この言葉は～と書くはずだ。」
6「『の』を『は』に変えると、～の意味になる。」

過去の六年生の文章を参考にするとよいです。

あなたが外国人に伝えたい日本の文化は何ですか。
日本の文化を1つ取り上げて説明し、その文化についての自分の考えを書きなさい。

＊次の4つを書いていくとよいでしょう。
1　日本の文化だと思うものを書き出す。
2　外国の人に伝えたいものを1つ選ぶ。
3　選んだ文化がどういうものかわかりやすく説明する。
4　その文化のどこが魅力なのか、どこが面白いのか、日本や日本人のどういうところを表しているのか考えを書く

次の文章を読み、内容についてあなたの感じたことや考えたことを書きなさい。

とおい　むかしから　ちきゅうの　うえの　いろいろな　ところで、
ひとは　いちにち　いちにちを　いきてきた。
きのうと　きょうは　よく　にているけれど、
おなじではない。
そして　あすは　いつでも　あたらしい。

（安野光雅他編「にほんご」による）

「たこ・はごいた・こま」の絵を見て、前半は3つの絵の共通点・相違点を、後半はそれをもとに感じたり考えたりしたことを書きます。

たこの絵	はごいたの絵	こまの絵

評定　＊八段は担任が認定する。

八段	1週間で6つの課題に全て答えた。
七段	1週間で5つの課題に答えた。
六段	1週間で4つの課題に答えた。
五段	1週間で3つの課題に答えた。

1　どの課題から取り組んでもよい。
2　一日に一つの課題に取り組むこと。
3　課題に取り組めない日の日記は（20行日記）程度は書いてあること。

以上をクリアすることが初段以上になる条件となる。

日記レベル表をつかって書いた子どもの日記です。（お手本になる日記を縮小して配付しました。）

「大きな努力は大きな結果になる」

その日考えたことを書き綴る

2月1日　竹岡　正和

長い人生、書く大変さを味わう時期があってもよい。

2／4（土）（191）

アの小説は映画で見るより本で読む方がよい。イの小説は本で読むより映画で見る方がよい。のどちらの意見がよいか。私は、アの小説は映画で見るより本で読む方がよいと思います。なぜなら小説には本なりに表現されています。それを音画ぞう、目で見たら、その小説の印しょうがちがってしまうと思います。映画だとはく力が倍になってしまうと思います。本だとちょうどいいくらいのはく力になっていますが、これが映画になると、せっかく本でバランスがよかったのにどんどんはく力が倍になってしまってバランスがわるくなってしまいます。小説はもともと、言葉だけでいろいろなことを表していたのにそれが音などが入ってしまうと、小説の良さがなくなってしまいます。だからもともと言葉で表されている物は本などの、言葉や絵などで楽しんだ方が私はいいと思いました。つまり、小説を映画にすると、小説の良さがなくなってしまうと思いました。なので小説の良さをひきだせる本で楽しんだ方がいいと思いました。言葉で伝わる良さと音で伝わる良さはちがう物なのかなぁと思いました。なので私はアの意見がいいと考えました。

2/4（土）（195）

今日は情報を得るにはテレビと新聞どちらがいいか。について書きます。私は、TVがいいです。なぜならTVは音、映ぞうがみれるけど、新聞は映ぞうじゃなくて写真だから、いい所をのがしちゃってるかもしれないし、新聞は文字が小さくて、よみにくいし、どうやってよんだらいいかわからないから、TVの方が楽です。TVは見ているだけでいいし、リラックスして見れるけど新聞は大きな紙をいちいちめくらないといけないし、紙で手をきっちゃうと痛いけど、TVは、そんなことはおきないから、傷をつくらなくて、リラックスして楽に見れるのでTVの方がいいと思いました。あと、新聞って、300円位して、それを買わないといけないけど、TVは1回買ったら、まぁ電気代はかかるけど、見ている時はお金ははらわないから、やっぱり楽です。

今日は、この課題について10行書いたので、ちょっとちがう話に変わります。先生は、シンデレラの話の続き考えたことありますか？シンデレラと王子様がけっこんして、めでたしめでたし。人はそこで満足して本を閉じるけど、二人はけっきょく、身分のちがいをのりこえられないかもしれないし、王子様がうわきをするかもしれません。二人の人生はむしろ、物語が終わってから始まるのだと思いました。だから、このシンデレラと同じく、なにか事件がおきたとき、例えば犯人がつかまったら、世けんは終わったような気になる。でもひがいしゃと関係者は永遠に事件の中を生きるんだなぁ。て思いました。ひがいしゃだけではありません。ようぎしゃの家ぞくも「人殺し」とか言われていじめられたりします。だから、事件て言うのは、人の人生を、すごく変えてしまうんだなぁ。て思いました。だから、これから先、ひがいしゃの子とか、ようぎしゃの子どもとかと友達になっても、いじめたりしちゃいけないなって思いました。確かに、人殺しの子どもとかは、こわいけど、人を殺したのは子どもじゃないのだから、やさしくしてあげないとかわいそうだと思いました。

先生はどう思いますか？

私は、四季のうち春が好きだ。

第一に、暑くもなく寒くもないから。
夏は暑すぎるし、冬は寒すぎるが、
でも、春は、暑すぎなくて寒すぎないから。

第二に、桜がきれいだから。
春といえば桜。桜が咲くから。
すごくきれいだし、いい香りがするから。

第三に、新しい年が始まるから。
春には、新しい1年が始まるから。
例）6年生→中学1年生
すごく楽しみな春。

だから春が好きだ。

2月4「情報を得るのにテレビと新聞どちらがいいか」僕は新聞がいいと思う。なぜなら新聞は、たくさんの字が書いてあって文字を読む力になるし、テレビとかで見のがしてしまったニュースは新聞で見れるし、きょうの所の新聞を見て、[illegible]何が今起きているかわかるからです。先生は、たぶん新聞だと思う。なぜなら、先生は、テレビは見ないし本を読むのは好きだと思うからだと思います。先生は、どう思いますか（10行）

2月5日「四季の内自分の好きな季節は何」僕は秋だ。なぜなら読書の秋である。[illegible]。しかももみじなどってすごいきれいだからです。また他にもすずしいし、夏や冬は、暑すぎたり寒すぎたりするからとってもいい。[illegible]春は[illegible]、[illegible]気持ち[illegible]から[illegible]。でも、秋は虫はいるけど、[illegible]るから。先生も、たぶん秋だと思います。どうですか。（10行）

「この数週間の努力は必ず力になる！」

２　８　竹岡正和

□日記の級を始めて４週目。
先頭集団は最後の到達点に向かって走り出している。
「大変だ」って声も聞こえる。

大変とは「大きく変わる」こと。

そう簡単に自分は変化しない。
生活習慣を変えるのはそれだけ難しいのだ。
今やっている努力が中学の運動や学問に役立つ。間違いない。

＜著　者＞
竹岡正和（たけおか　まさかず）

1973年生　千葉大学教育学部小学校教員養成課程教育心理学専修卒
小学校の担任はほとんどが高学年である　日記指導と討論を核にした学級経営を実践してきた　月に一度、大宮　川口　熊谷と生徒指導、学級経営、国語の授業の勉強会に出かけている　東京都の五色百人一首大会の事務局として毎年12月の大会運営に携わる　教育雑誌「国語教育」（明治図書）「教室ツーウェイ NEXT」（学芸みらい社）等、原稿を執筆する経験をもつ

〈次世代教師シリーズ〉
国語授業を核にする学級経営
●日記指導でグーンとUP！国語学力の仕組みづくり

2018年 5 月10日　初版発行

著　者　竹岡正和
発行者　小島直人
発行所　株式会社 学芸みらい社
〒162-0833 東京都新宿区箪笥町31 箪笥町 SK ビル
電話番号 03-5227-1266
http://www.gakugeimirai.jp/
e-mail : info@gakugeimirai.jp
印刷所・製本所　藤原印刷株式会社
企画　樋口雅子　校正　一校舎
装丁デザイン　大庭もり枝

落丁・乱丁本は弊社宛てにお送りください。送料弊社負担でお取り替えいたします。

ISBN978-4-908637-71-1 C3037